KB023715

言語
品格

言語
品格

언어
言語의
品格품격

내
인생을
바꾼
천금
말씨

언어
言語의
品格품격

정병태 지음

N넥스웍

내 인생을 바꾼 천금 말씨

CONTENTS

"소리 이전에 먼저 사람이 되어라."

명창 안숙선은 평창동계올림픽 헌정곡인 '평창 홍보가'를 불러 많은 사람들에게 큰 감동을 주었다. 오래전 안숙선 명창은 '명창이란 단순히 노래만 잘하는 사람이 아니라 그 인격(人格)이 더 중요하다.'고 말한 바 있다.

말에는 센 힘이 있다. 특히 깊은 내면에서 끌어올린 소리를 내어 하는 말에는 더욱 큰 힘이 담겨 있다.

사람은 소리를 내어 말하도록 만들어졌다. 따뜻하고 아름다우며 고운 말은 서로의 마음을 활짝 열게 한다. 그리고 기적과 힐링(healing)이 일어난다. '살리는 말하기'의 비밀을 담은 이 책이 분명 당신에게 도움을 주리라 확신한다.

고운 말은 온유한 성품에서 나오는 소리인데, 그 온유는 부드러움에 있다. 부드러운 것은 강한 것보다 오래가며, 약해 보이지만 강함을 이겨낸다. 살아 있는 존재는 따뜻할 뿐만 아니라 부드럽다. 고운 품격은 모든 것을 살린다. 따뜻한 언어, 부드러운 언어, 그리고 고운 언어가 사람을 살린다.

중국의 현인 노자는 "지극한 부드러움은 천하의 지극한 견고함도 깨뜨릴 수 있다."고 했다.

한마디의 따스한 언어가 마음의 스산한 어둠을 밝히고 고독의 추위를 녹인다는 사실을, 마음의 상처를 위로한다는 것과 앞으로 나아갈 수 있는 활력을 불어넣어 준다는 사실을 나누고자 한다. 따스하고 고운 언어는 항상 우리 마음에서 시작된다. 우아한 품격의 마음은 분명 부드러워진다.

한마디의 언어로 타인의 생각, 감정, 행동을 변화시키는 힘을 언품(言品)이라고 한다. 그래서 말은 형이상학적 결과이고 언어는 내면적 참 인격이다. 따라서 깊은 곳의 성품이 바뀌어야 언어가 바뀌는 것이다. 좋은 성품에서 고운 언어가 나오기 때문이다.

고상한 품격은 '참 좋다.'라는 언어를 입에 달고 산다. 고운 성품은 침착하고 차분하며 그리고 섬세하다. 여기서 섬세하다는 것은 예의가 바르다는 것을 의미한다. 즉 예술적 표현을 말하는 것이다. 그러므로 언어의 품격은 가장 강력한 예술성을 갖춘 표현력을 갖게 된다.

세계적인 문호 셰익스피어는 '인생을 망치지 않으려면 자신의 말에 신경을 써야 한다.'고 강조해 말했다.

말은 큰 힘과 영향력을 가지고 있기에 언제나 말을 잘 선택해 사용해야 하는 것이다.

사람들과의 다양한 관계 속에서 성공의 가장 중요한 첫 번째 요건은 무엇일까? 이미 큰 성공을 거둔 사람들은 하나같이 그 첫 번째 요인을 말솜씨라고 한다. 시의적절하며 능숙한 말솜씨는 힐링을 경험하게 해주며 행복한 열매를 맺게 하며 나아가 삶을 변화시키는 힘이 있다.

'말씨'에는 생명력이 있다. 한마디의 표현은 우리의 삶을 바꾸기에 충분한 힘을 지녔으며 우리의 미래는 표현에 의해 결정된다. 그러므로 우리의 일생을 이끌어가는 언어의 품격을 갖추어야 한다.

우리의 혀는 세 치, 약 10cm밖에 되지 않으며 57g에 불과하다. 이런 세 치 혀가 우리의 운명을 좌우한다.

큰 배에는 배를 조정하는 작은 키가 있고, 자동차는 작은 핸들이 방향을 조정하고, 1마력의 힘을 지닌 말을 아주 작은 재갈로 달리게 하듯, 혀를 통해 우리의 삶이 좌우된다. 세 치 혀를 제어한다면 삶을 변화시킬 수 있다.

일본 속담에 '친절한 말 한마디가 3개월간의 겨울을 따스하게 해 준다.'는 말이 있듯이 친절한 말 한마디는 우리의 삶을 쿠션처럼 포근하게 해준다. 다음과 같은 쿠션 언어들이 사람의 마음을 녹여준다.

'참 좋다.', '번거롭겠지만', '실례합니다.', '죄송합니다만', '덕분입니다.', '신세 많이 졌습니다.', '감사합니다.', '고맙습니다.', '사랑합니다.', '잘됐습니다.', '멋지세요', '부탁드립니다.' 등.

프랑스의 천재적인 수학자이며 물리학자 그리고 신학자였던 파스칼은 '따뜻한 말들은 많은 비용이 들지 않지만 많은 것을 이룬다.'고 말했다.

우리가 일상생활에서 가장 많이 써야 할 말은 어떤 말일까? 이 물음에 대한 답은 의외로 쉽다. 그것은 바로 '고미용감사'이다. '고미용감사'는 '고맙습니다.', '미안합니다.', '용서합니다.', '감사합니다.', '사랑합니다.'의 줄임말이다.

골프의 거인 잭 니클라우스는 '고맙다.'는 말을 잘하기로 유명하고, 토크쇼의 여왕이라 불리는 오프라 윈프리도 매사에 '감사합니다.'라는 말을 아끼지 않는다고 한다. 부드러운 카리스마로 유명한 박칼린 음악 감독도 '사랑합니다.'라는 말로 자신의 마음을 전하며, 우승한 감독들은 선수들을 코치할 때 선수들을 향해 항상 '챔피언!'이라 부른다고 한다.

다음의 말을 진심으로 써보자. 필자는 매 수업 시작 시, 만남에서 다음의 말들을 나누고 소통을 시작한다.

'여러분 사랑합니다.', '당신 참 좋습니다.', '수고했어요.', '고마워요.', '무척 사랑해요.', '대단해요.', '존경합니다.', '감사합니다.', '당신과 좀 더 친해지고 싶어요.', '당신을 만나고 제가 변화되었습니다.', '당신이 얼마나 친절한지 알게 되었습니다.', '미소가 정말 아름답군요.', '그 까다로운 손님을 잘도 상대하시던데요.'

우리가 일생생활에서 이런 말을 나눌 때 듣는 사람뿐만 아니라 말하는 사람 역시 동일한 기쁨과 위로를 얻게 된다.

인간 관계론의 대가 데일 카네기가 언급했던 문장이다.

"여러분은 여러분의 힘으로 이 세상의 행복 총량을 쉽게 증가시킬 수 있다. 그 방법이 궁금한가? 바로 외롭고 절망에 빠진 사람들에게 그들의 가치를 인정해 주는 몇 마디의 말을 진지하게 건네는 것이다. 비록 여러분은 오늘 했던 그 친절한 말을 내일이면 잊어버릴지라도 이를 들은 사람은 평생을 간직할 것이다."

말로써 행복의 총량을 늘리는 것! 얼마나 신나는 일일까?

"여러분을 사랑합니다, 많이."

정병태 교수(Ph. D)

지극한 부드러움은 천하의 지극한 견고함도
깨뜨릴 수 있다

01

겉으로

보이는 것이

다가 아니다

'감사합니다.'는 말 한마디가 기적을 만든다

실제로 나는 다른 사람들에게 좋은 말을 하기보다는 비판하는 말을 훨씬 잘한다. 비판은 쉽기 때문이다. 특히 난 유대인의 창조적 탁월함에 관심이 많다. 한 책에서 특별히 나의 관심을 끌었던 내용이다.

미국 플로리다 교도소에 6천 명의 죄수가 있는데, 그중 유대인은 13명밖에 안 된다고 한다. 사실 플로리다에는 유대인들이 많이 살고 있다. 이처럼 유대인 죄수의 비율이 낮은 것은 유대인 부모들이 정기적으로 시간을 들여 자녀들을 말로 축복하는 데 이유가 있다고 한다.

그래서 나는 아는 사람을 만나든, 처음 보는 사람을 만나든 긍정의 말로 인사를 한다.

우리가 사는 사회와 세상은 매우 부정적이고 파괴적인 말로 가득차 있다. 그리하여 긍정적이고 세워주는 말로 맞서는 것이 나의 사명이다.

사람들의 영혼은 좋은 음식으로 채워져야 한다. 좋은 음식은 좋은 말이고, 나쁜 음식은 나쁜 말이다. 우리의 몸이 소화할 수 있는 음식을 필요로 하는 것처럼, 다른 사람들로부터 규칙적으로 긍정의 말을 듣고 채워져야 한다. 이를테면 칭찬·수용·인정·애정·주목·긍정·존경 등의 말을 들어야 한다. 재차 강조하지만 나의 사명은 사람들의 마음을 피폐하게 하고, 부정적이고 파괴적인 말로 가득 찬 세상과 맞서 긍정적이고 세워주는 말로 축복하고 규칙적으로 선한 말을 들려주는 것이다.

진정으로 위대한 사람인지 아닌지는 그가 자기보다 못한 사람을 대하는 언품(言品)을 보면 알 수 있다.

칭찬은 상대방에게 좋은 점을 발견하여 그것을 인정해주는 것이다. 한 조사에 따르면 미국 노동자들의 가장 큰 불만은 급여의 대소가 아니라 고용주가 칭찬(인정)을 해주지 않는 것이라고 한다.

어디서든 진실한 마음이 담긴 감사의 말은 언제든지 환영받는다. 변화를 가져오기 때문이다. 그래서 '감사하다.'는 말 한마디가 기적을 만든다.

서른일곱 마디의 긍정적인 말

우리 영혼은 좋은 말을 갈망한다. 날마다 영혼에 좋은 음식이 공급되듯이 평범한 사람도 매일 칭찬과 격려를 받아들여야 한다. 그러나 우리는 칭찬이나 축복을 거의 받지 못한다. 어떤 사람이 장차 변화될 모습을 알고 거기에 맞추어 대우를 하면, 그렇게 변화된다. 즉 그 사람이 가진 가능성을 보고 그것을 표현하는 것이다.

부정적인 말은 오래전에 들었다 해도 마음속에서 지워지지 않는다. 그렇다면 긍정적인 말을 얼마나 많이 들려주어야 부정적인 말의 영향을 제거할 수 있을까? 놀랍게도 가슴에 박힌 한마디 부정적인 말을 파내는 데 서른일곱 마디의 긍정적인 말이 필요하다고 한다.

현재에 대한 격려

마크 트웨인은 "한마디 격려는 우리를 한 달 동안 기쁘게 할 수 있다."고 말했다. 지그 지글러는 "적절한 순간의 진실한 말 몇 마디가 인생에 얼마나 큰 영향을 줄지는 아무도 모른다."고 말했다. 사람들은 누구나 격려를 필요로 하고 그 격려로 인해 변화된다. 격려의 핵심은 그 사람의 가치를 인정하는 것이다. 격려의 효과는 매우 심오하다. 격려만큼 우리를 견디게 해주는 것은 아무것도 없다.

우리는 사람들의 현재 모습 혹은 눈에 보이는 그 사람의 선한 행위에 대해 칭찬하고 칭송한다. 모든 사람들은 현재 좋은 것을 많이 가지고 있다. 그것에 주목하여 관심을 갖고 격려해야 한다. 다른 사람들의 좋은 점에 초점을 맞추게 되면 언제든지 격려할 수 있는 좋은 점을 찾아낼 수 있다.

아내에게 −여보, 당신은 아주 성실하고 유능한 사람이오.

겉으로 보이는 것이
다가 아니다

아이에게 -넌 정말 친절하고 남을 배려할 줄 아는 아이야.

매장 직원에게 -당신은 항상 명랑하네요. 그래서 당신을 보면 기분이 좋습니다.

종업원에게 -아주 근면하고 성실하군요. 난 당신에게 무척 감사한 마음을 가지고 있어요. 당신은 우리 회사의 보물이오.

고용주에게 -회사를 위해 일하는 것이 즐겁습니다. 사장님이 우리 종업원들을 위해 마음 써주시는 데 대해 늘 감사히 생각합니다.

친구에게 -고마워, 정말 잘했어.

여자 친구에게 -당신의 미소는 세상에서 가장 아름다워.

미래에 대한 격려

오스트레일리아의 F.W. 보햄은 우리의 마음을 '메아리의 고향'이라고 했다. 즉 우리가 밖으로 내보내는 것이 우리에게로 돌아온다는 의미이다.

미래에 대한 격려는 그 사람이 가진 가능성을 보고 그것을 격려로 표현하는 것이다. 지금은 엉성하지만 믿음의 눈으로 보고 희망의 언어로 말하는 것이다.

신입 사원에게 -당신은 뛰어난 지혜로 일류 엔지니어가 될 것이오.

남자 대학생에게 -나는 승리자를 보는 은사가 있는데, 자네가 바로 그 승리자일세.

여자 대학생에게 -학생 과제를 보니, 대단한 잠재력으로 위대한 과학자가 될 것이오.

젊은이에게 -자네는 많은 것을 만들어서 인류에게 유익을 줄 사람이 될 것이네.

아이에게 -너는 참 생각이 깊구나. 너는 커서 훌륭한 사람이 될 거야.

신앙인에게 -당신을 생각할 때마다, 당신을 보내주신 하나님께 감사한답니다.

전문가에게 -당신은 아주 특별한 사람입니다.

직장인에게 -당신은 아주 사려 깊은 사람이오.

백조의 우아한 자태

지그문트 프로이트(Sigmund Freud)는 20세기 우리의 삶에 가장 중요한 영향력을 끼친 과학자이자 정신과 의사이다. 그의 위대한 발견은

겉으로 보이는 것이
다가 아니다

겉으로 보이는 것이 다가 아닌 바로 무의식의 원리이다. 프로이트는 '인간의 모든 행동에는 원인이 있다.'고 보았다. 그래서 겉으로 보이는 행동은 일부분이고 그 행동을 위해 보이지 않는 무의식이 깊은 곳에 숨어 있기에 인간은 무의식에 주목해야 한다고 말했다.

'나는 할 수 있는 것이 없다.', '넌 시키는 대로 해!' 등 이러한 과격한 말로 인해 상처를 입은 마음을 치유하는 유일한 방법은 '너는 할 수 있어.', '너는 최선을 다했어.', '사랑해, 많이.', '좋아.'라는 긍정의 언어뿐이다.

극단적인 표현은 부정적인 생각을 만든다. 대신 긍정적이고 격려하는 말들 즉 '제게 큰 영향을 주었어요.', '당신과 좀 더 친해지고 싶어요.', '지금 이곳은 안전하다.' 등의 느낌을 주는 긍정의 언어를 사용함으로써 마음의 상처를 치유하며 깨진 관계를 회복시킬 수 있다. 긍정의 좋은 말은 간단하지만 우리의 인생을 송두리째 바꾼다.

눈으로 보이는 태도뿐 아니라 거친 말씨를 고운 말씨로 바꾸어 내 귀에 들려줘야 생각, 감정, 행동이 바뀌어 기적을 만들어 낼 수 있다. 또한 내면의 좋은 성품을 길러야 우아한 백조처럼 수면 위를 나아갈 수 있다.

백조가 우아하게 물결을 가르며 이동할 수 있음은 언제나 수면 아래 발갈퀴를 쉼 없이 움직이기 때문이라는 사실을 기억해야 한다.

마음의 상처를 주는 '나는(당신은) 가치가 없다.'는 생각에서, 상대방에게는 '당신은 최선을 다했다.' 스스로에게는 '나는 최선을 다했어.'

로 바꾸어야 한다. 언어의 품격을 뽐내기 위해 오늘도 백조의 우아한 자태처럼 쉬지 않고 물갈퀴를 움직이기를 응원한다. 매일 애정과 축복의 언어를 듬뿍 퍼주어야 한다.

사람을 변화시키기 위해서는 겉으론 긍정적이고 위하는 것 같으면서도 보이지 않는 가시가 숨어 있거나 교묘한 위선의 말, 이중적이고 복잡한 말이 아닌 뒤끝이 없는 깨끗한 고운 말씨를 나누어야 한다.

언젠가 우리들이 했던 말들이 키질되어 가려질 때 가장 비싸게 값이 매겨질 언어들이 되기를 진중으로 바란다.

도움이 되고 격려가 되는 말씨

나는 어떤 한마디를 듣고 삶이 통째로 바뀌었다. 그 좋은 말은 마술 같은 언어였다. 그것은 격려를 기리는 좋은 말이었다. 그 좋은 말은 나를 행복으로 이끌어주었다. 그 축복의 언어는 내 인생을 송두리째 바꾸었다.

언어의 품격(品格)을 높여 건강한 자아를 세우고 타인과 좋은 관계를 맺을 수 있도록 아래에 예로 든 말들을 수시로 연습해 보자. 늘 노력하여 마음과 입에 담고 살아야 한다. 긍정적이고 좋은 말은 나와 타인을 모두 살리는 말이기 때문이다.

감사합니다. 미안해요. 반갑습니다. 어서 오세요. 사랑해. 정말
좋다. 아프세요? 기다리고 있겠습니다. 많이 드세요. 함께. 다녀
오겠습니다. 내일은 더 좋아집니다. 안녕하세요. 뵙게 되어 영광
입니다. 맛있다. 정말. 우리. 영원히. 가족. 도와주세요. 축하한
다. 대단해요. 기쁩니다. 지금. 덕분에. 그럼요. 대단해요. 좋은
하루 보내세요. 할 수 있다. 잘된다. 가능해요. 늘 웃고 계시네
요. 배려심에 감동입니다. 축복해요. 많이 보고 싶었어요. 특별
하십니다. 변화됐어요. 자신감을 갖게 되었지요.

여성폄하 발언은 안 된다

  신문과 뉴스를 보면 하루가 멀다 하고 막말이 쏟아지고 있음을 본
다. 누가 봐도 몰상식한 말이나 명백한 언어폭력인데, 지적하는 사람
들은 거의 없다. 언어는 언제나 타인의 언어로 이루어져야 한다. 특
히 여성폄하 발언은 심할 정도로 난무하다. 남성들은 여성을 향해
쉽게 발언하고 있다.

네가 참아. 여자는 잘 못 해. 뚱뚱하다. 못생겼다. 여자는 똑똑하면 안 된다. 남자한테 상처를 받았나 봐. 시집 못 간다. 키가 작아서 못 해. 여자가 왜 그래? 여자가 일을 못 하니까 돈을 적게 받는 거야. 야근을 할 수 있냐. 결혼하고도 계속 다닐 생각이냐. 출산휴가가 부럽다. 너 같은 여자한테도 성추행을 하냐. 왜 유난이야! 배가 불렀다. 네가 여자니까. 그냥 네가 참아.

여성멸시, 여성비하, 여성혐오의 언어들을 사용해서는 안 된다. 성차별의 언어는 깊은 상처를 주며 지워지지 않기 때문이다.

당신, 참 좋다

나는 '참 좋다.', '훌륭해.', '아름답다.', '뷰티풀', '감사합니다.'라는 언어를 자주 사용한다. 정말 이 말 한마디가 내 마음에 기꺼운 선물이 되기 때문이다. 언젠가 한 제자 원우님이 내게 다가와서 하는 말은 '교수님, 참 좋습니다.'였다.

이 말은 영화 〈메디슨 카운티의 다리〉에 나오는 대사로 유명해졌다. 이 영화 최고의 선물은 바로 이 말 한마디였다. '당신, 참 좋다.'

신학자 존 칼빈(John Calvin)은 "우리의 모든 말들은 친절과 은혜로

겉으로 보이는 것이
다가 아니다

가득해야 합니다. 이를 위해서 우리는 남에게 유익이 되는 말과 친절한 말을 해야 됩니다."라고 말했다. 프랑스의 천재적인 수학자, 물리학자, 그리고 신학자였던 파스칼(Blaise Pascal)은 "따뜻한 말들은 많은 비용이 들지 않지만 많은 것을 이룬다."고 했다.

이와 같은 좋은 글귀가 또 있어 소개한다. 얼마 전 이상국의 〈러브레터 읽어주는 남자〉를 읽었다. 이상국 씨 자신이 했던 사랑을 담은 에세이집으로, 오래된 책이지만 좋은 선물같은 글귀들이 있어 소개한다.

> '당신 참 좋습니다. 정말 이 한마디가 내 마음의 큰 보물입니다.',
> '고맙습니다. 당신, 참 고맙습니다.', '당신 생각하노라면 슬픔도
> 따뜻해요. 고마워요. 내 슬픔이 당신께 그렇게 말해요.'

책의 뒤표지에는 이런 말이 적혀 있었다.

> '이 세상에 태어나준 것만도 고맙고, 나를 만나준 것만도 고맙
> 고, 내게 웃음 한 번 지어준 일로 심장이 터질 듯한 행복이었다.'

남미 칠레의 구스타보 구티에레즈. 절망의 라틴아메리카에서 희망을 선포한 해방신학자이다. 그는 "남의 손을 씻다 보면 내 손도 따라서 깨끗해지고, 남의 귀를 즐겁게 해주다 보면 내 귀도 따라서 즐거워진다. 남을 위해 불을 밝히다 보면 내 앞이 먼저 환해지고, 남을 위해 기도를 하다 보면 내 마음이 먼저 밝아진다."라고 말했다.

우리는 쉽게 부정적인 푸념을 늘어놓곤 한다. 무심코 "죽지 못해 산다.", "딱 죽고 싶은 심정이야.", "김이 샜다.", "난 늘 찬밥이야." 등 습관적으로 부정적인 푸념이 나올 때 감사의 언어로 바꾸고 긍정적이고 축복의 언어를 사용하자.

약간 미끄럽긴 하지만

한마디의 친절한 말은 의기소침한 사람들에게 격려를 준다.
그리고 잔인한 말은 다른 사람들로 하여금
무덤에 가는 날까지 흐느껴 울게 만든다.

— 플턴 쉰 주교의 어록에서

미국 대통령을 지낸 에이브러햄 링컨(Abraham Lincoln)은 따뜻한 인품을 가졌다. 학교 친구들이 거북이 등에 뜨거운 석탄을 올려놓고 괴롭히자, 링컨은 "그건 나쁜 짓"이라며 친구들을 말렸다. 그의 인품(人品)을 볼 수 있는 이야기이다.

현재 미국 국민들에게 가장 존경받고 있는 대통령이 링컨이다. 링컨은 모든 실패와 비난에도 굴하지 않고 끊임없이 노력해서 51세에 마침내 미국 16대 대통령에 당선되었다. 수많은 실패와 최악의 조건

겉으로 보이는 것이
다가 아니다

에서 대통령이 된 링컨에게 "당신이 이룬 성공의 비결이 무엇입니까?"라는 질문에, 이렇게 대답했다.

"누구보다 실패를 많이 한 것이 성공의 비결입니다."

링컨은 자꾸만 미끄러져 길 바깥으로 곤두박질치곤 했다. 그때마다 자신에게 말했다.

"괜찮아, 약간 미끄럽긴 하지만, 낭떠러지는 아니야."

링컨이 이길 수 있었던 제일 조건은 바로 그의 인품이었다. 하고 싶은 대로 하지 않고 꼭 해야 할 때만 하는 절제와 진실한 성품 덕분이었다.

영혼에 새기는 단단한 격언

반복하는 학습은 힘이 있고 반복하여 들려주는 한마디의 말은 삶을 변화시킨다. 위로가 되고 힘이 되는 문장을 구비하여 매일 스스로에게 들려주는 것이다. 실로 상황이 고약해질 때마다 긍정의 격언 경구를 암송하여 당당하게 고백하자. 희망의 언어를 스스로에게 들려주는 것이다. 평상시 여기저기에서 모아 암송하여 들려주면 더 유익하다. 그리하면 절대로 희망이 동날 리가 없다. 우리 영혼의 양식은 좋은 음식, 즉 좋은 말을 가지고자 한다. 좋은 말로 우리의 욕구를 채워주는 말을 해야 한다.

"그 무엇도 내 허락 없이는 나를 불행하게 만들 수 없다."

– 차동엽 신부

"스페로, 스페라(나도 희망한다, 너도 희망하라.)"

– 라틴어 격언

"불행을 치유하는 약, 그것은 희망 이외에는 없다."

– 윌리엄 셰익스피어(William Shakespeare)

"신념을 갖고 있는 사람 한 명의 힘은 관심만 가지고 있는 사람

아흔아홉 명의 힘과 같다."

– 존 스튜어트 밀(John Stuart Mill)

"일단 일에 참여하면 목표로 한 모든 것을 성취할 때까지

손을 떼지 말라. 우리는 무엇이든 재능을 가지고 있다는 것,

그리고 무엇인가 어떠한 희생을 치를지라도 도달해야 할 목표가

존재한다는 사실을 명심해야 한다."

– 마리 퀴리(Marie Curie)

"그는 멕시코 만류에서 조각배를 타고 홀로 고기잡이하는 노인이었다.

겉으로 보이는 것이
다가 아니다

그는 84일 내내 물고기를 단 한 마리도 잡지 못했다."

- 어니스트 헤밍웨이(Ernest Hemingway)

"무언가를 안다는 것은 그것을 좋아하는 것만 못하고,
좋아하는 것은 즐기는 것만 못하다."

- 논어 옹야(제6편) 18 / 공자(孔子)

"긍정적인 마음가짐은 보약처럼 내 영혼을 살찌우지만,
부정적인 마음가짐은 질병처럼 내 영혼을 갉아먹는다."

- 나폴레온 힐(Napoleon Hill)

좋은 격언과 명언은 오랜 세월이 흘러도 유유히 살아남아 많은 이들에게 힐링으로 작용하고 있다. 평상시 격언을 준비하여 필사하고 깊게 묵상하자. 힘들 때, 외로울 때 위로할 수 있는 적절한 격언을 스스로에게 들려주도록 하자. 삶을 통째로 변화시켜주는 능력이 있다.

희망을 닦는 소년

런던의 한 길모퉁이에서 구두를 닦는 소년이 있었다. 아버지가 빚을 져 감옥에 갇혔기 때문에 집안 살림을 꾸려나가기 위해 구두를 닦아야 했다. 그런데 그 소년은 새벽부터 나와서 밤늦게까지 길거리를 지나가는 사람들을 구두를 닦으면서도 얼굴에 밝은 웃음을 잃지 않았다. 늘 밝은 노래를 부르며 구두를 닦는 것이었다. 사람들은 그에게 물었다.

"구두 닦는 일이 뭐가 그리 좋니?"

그때마다 소년은 이렇게 대답했다.

"즐겁지요. 저는 지금 구두를 닦고 있는 게 아니라 희망을 닦고 있기 때문입니다."

이 소년이 바로 세계적인 작가 찰스 디킨스(Charles Dickens)이다.

가난이라는 현실 때문에 다른 사람의 구두를 닦으며 생활비를 마련해야 했던 찰스 디킨스는 가난을 절망의 현실로 받아들이지 않고, 희망으로 받아들였다. 이처럼 오늘날 우리들에게 위기는 반전의 기회, 희망의 표징이 되어야 한다.

이제 따스하고 고운 언어로 표현해 보자.

'참 좋다.'는 언어로 사람들을 만나면 언제나 먼저 위로하고 희망을 주는 말로 격려해 보자. 사실 윗사람의 진심 어린 희망의 언어는 위대함을 만든다.

겉으로 보이는 것이
다가 아니다

격려의 좋은 말 한마디

"이 세상에서 긍정적인 격려보다 더 능력 있는 것은 거의 없다.
미소, 낙관적이고 희망적인 한마디 말. 난관에 처했을 때
'너는 할 수 있어.'라는 한마디."

– 리처드 드 보스

불우한 어린 시절을 겪은 미국 존스홉킨스 대학병원의 의사 벤 카슨(Ben Carson)에게 한 기자가 이런 질문을 했다.

"오늘의 당신을 만들어 준 것은 무엇입니까? 당신은 학교에서 열등학생이었고 깡패였는데 어떻게 이렇게 위대한 의사가 되었습니까?"

그는 서슴지 않고 "나의 어머니 쇼냐 카슨 덕분입니다. 어머니는 내가 늘 꼴찌를 하면서 흑인이라고 따돌림을 당할 때에도 '벤, 너는 마음만 먹으면 할 수 있어. 하면 된다. 해 봐라. 노력만 하면 너라고 해서 못 할 리 있느냐.' 하고 말씀해 주셨습니다."

쇼냐 카슨은 아들에게 절대로 부정적인 말을 하지 않고 긍정적인 말로 용기를 주었고 격려의 좋은 말을 해주었다.

카슨 박사가 세계적인 외과의사가 되는 기적을 만들어 낼 수 있었던 것은 어머니의 따뜻한 격려의 한마디가 있었기 때문이다. 그는

어머니의 격려를 가슴에 품고 좋은 성품으로 자랄 수 있었다. 그리고 그의 삶은 통째로 바뀌었다.

격려법 배워 실천하기

성공하는 사람은 1퍼센트 뭔가 마음을 끄는 것이 있는데 바로 '칭찬'의 언어를 즐겨 쓴다.

필자는 〈아름다운 동행〉이라는 정기간행물에서 다음의 이야기를 읽었다.

미국의 가정사역자인 캐롤 레드는 자녀를 큰 인물로 키우는 7가지 원리를 가르쳐 주고 있다.

첫째, 긍정적인 재능을 키우기 위해 '대단하구나.', '와, 정말 잘했어.', '최고야!' 등 격려의 표현을 사용하자.

둘째, 그 상황에 적합한 칭찬을 준비하자.

셋째, 메모지나 카드에 창의적인 칭찬 한두 문장을 써서 아이들의 베개 위, 도시락 안, 신발 속, 방문, 이불 속, 교과서나 성경 갈피에 놓아둔다.

…… 마지막으로 성경 구절은 거룩한 칭찬의 말을 할 때 특히 효과

겉으로 보이는 것이
다가 아니다

적일 수 있다.

여기서 우리가 바로 적용해 볼 수 있는 그녀의 격려법은 메모지나 카드에 칭찬 한두 문장을 적어 놓아두는 것이다. "사랑한다!"라는 말과 함께 "큰 성과에 놀랐다.", "너는 열심히 공부하는 훌륭한 아이야!", "최고의 성적을 거둘 거야!", "목표를 향해 달려가는 모습이 보기 좋아." 등 간단한 말을 적어 놓으면 그것을 본 아이들에게는 마음에 깊은 인상을 남긴다. 그리고 우리가 칭찬과 격려의 말로 자녀의 마음 밭에 좋은 씨앗을 뿌려 놓으면 그것이 점점 자라서 마침내 좋은 열매를 거두게 된다.

큰 인물로 키우는 격려법은 어린 자녀들에게만 필요한 것이 아니라 우리 어른들과 리더들에게도 필요한 훈련이다. 그러므로 격려의 연습을 성실히 실천한다면 당신도 주변 사람들을 격려하는 좋은 습관을 갖게 될 것이다.

도움이 되는 말

누구를 만나든 첫 번째 언어는 고맙다고 말하자. 작은 일에도 항상 고마워하는 말을 나누어야 한다. 매사를 부정적으로 보고, 부정적으로 말하지 말고. '고맙습니다.', '감사합니다.'라는 말을 더 많이 사용하자.

비관주의자는 이렇게 말한다.

"이젠 틀렸어.", "끝났어.", "완전 실패다."

반면에 낙관주의자는 이렇게 말한다.

"감사하다. 다시 할 수 있어.", "괜찮아. 잘될 거야!", "좋은 경험이야!"

사람은 언어를 먹고 산다. 언어를 통해 세상을 알아 가고, 자아를 확립하고 타인과 관계를 맺는다. 거짓말은 자신을 망가뜨리고 지저분한 말은 삶을 지저분하게 만든다. 따뜻한 한마디 안에는 엄청난 힘이 담겨 있다.

여기 언어 학교를 통해 한마디의 효력과 가치를 알게 되기를 바란다. 따뜻한 한마디가 큰 힘과 도움이 된다. 명심하자. 사람은 말을 주고받으며 살아가는 존재다. 살리는 말 한마디, 삶을 변화시키는 좋은 말을 듣기 위해 살아간다.

괜찮아

자신의 힘으로는 어찌 해 볼 수 없는 어려움이나 무력감에 빠져 있을 때, 누군가에게 듣고 싶은 말이 있다.

"괜찮아."

겉으로 보이는 것이
다가 아니다

나는 종종 말한다.

'괜찮아', '좋은 결과가 아니더라도 괜찮아. 최선을 다하는 모습이 더 좋아.', '공부하지 않아도 괜찮아.', '괜찮아. 너무 힘들게 하지 마.', '괜찮아. 당신이 있어서 좋아.', '이 정도면 괜찮아.'

'괜찮아.'라는 말은 위로가 필요한 사람의 어깨를 살포시 어루만져 준다. 누군가에게 다가가 말해보자.

'이젠 괜찮아.', '괜찮아. 당신은 다 좋아.', '나는 괜찮아. 무엇 하나 나쁘지 않아.', '괜찮아, 좋아'

변화시킨 말 한마디

한마디 소통으로 삶이 달라진다. 나의 한마디를 통해, 또 언어 학습을 통해 삶이 변화된 사람들의 이야기를 소개해 본다.

언젠가 한 여성 CEO는 평생에 처음으로 자신의 방에 자신만을 위한 책상과 책장을 놓고는 얼마나 행복한지를 신나게 자랑하였다.

"교수님의 인문학 스피치를 배우고 제 삶이 달라졌어요."

내가 물었다.

"무엇이 달라졌기에 그리도 행복하세요?"

"얼마 되지도 않는 나만의 책상을 놓고는 너무 행복해요. 이렇게 흐뭇하고 행복한 삶을 교수님을 만나기 전에는 해볼 생각을 못 했어요. 교수님, 정말 감사하고 고마워요."

그녀의 눈에서는 곧 떨어질 것처럼 눈물이 글썽거렸다. 그러면서 삶의 가치가 변화되어 가는 모습에 감격하며 새로이 도전을 준비한다고 말하였다.

"대표님, 또 무엇을 시도하려고 하시는데요?"

"예, 시간이 되는 날 도서관 여는 시간에 들어가 문을 닫는 시간까지 혼자서 도서관에서 즐기는 시간을 갖는 것이에요. 아직 도전하지도 않았는데, 그 생각만 해도 너무 설레고 행복해요."

이번에 소개할 남자 기업인 대표님은 평소 존경하는 분으로, 그는 1년 가까이 인문학 스피치를 함께하였다. 그런데 내가 봐도 삶의 많은 부분이 변화가 일어났다. 얼마 전 만남의 자리에서 큰 결단의 얘기를 들려주셨다.

자신이 30년 가까이 즐겨 오던 술을 끊었다는 것이다. 술을 함으로써 독서하는 시간과 삶을 성찰하는 시간을 가질 수 없어, 술 마시는 시간에 독서와 인문학적 삶을 살기를 마음먹고 술을 끊었다는 것이다.

이렇게 물었다.

"대표님, 그리 오래도록 30년 가까이 마시던 술을 끊으면, 비즈니스 관계에 혹 지장이 있지 않을까?"

"이제 술자리 없이도 얼마든지 비즈니스 관계를 이어갈 수 있다고

겉으로 보이는 것이
다가 아니다

봅니다. 술을 마시고 제 소중한 시간이 꼬여 알차고 인문학적으로 생활하지 못하는 것이 너무 싫어요. 교수님을 만나고 그리고 학습포럼을 통해 삶의 가치가 어느 것이 더 유익한지를 알았기 때문에, 이젠 술을 먹지 않겠습니다."

한 기업인 대표는 필자의 인문학을 통해 큰 지적 자극으로 책을 쓸 수 있는 동기가 되었다고 고백하였다. 또 한 직장인 리더는 내 자산관리 경영론에서 주식투자와 경영철학을 배워 주식투자에서 큰돈을 벌어, 감사하다며 큰 감사의 마음을 전했던 경우도 있다. 한 강사는 나의 코칭과 학습으로 교수로 임용되어 왕성하게 강의하며 보내고 있다. 나의 권유로 계속 공부했으면 좋겠다는 의견을 들은 한 CEO는 즉시 박사과정을 입학하여 3년 만에 경영학 박사학위를 취득하였다.

강의 현장은 언제나 감동이다. 소통을 통해 삶이 바뀌고 꿈을 갖게 되었고 행복한 삶을 살고 있다는 분들을 늘 만날 수 있다. 이 모두가 살리는 말을 사용했기에 가능했다. 도움이 되는 언어를 나누었을 뿐인데 말이다.

안녕

'안녕.', '안녕하세요.', '어서 오세요.'

우리는 아침마다 잠에서 깨어나는 것이 아니라 날마다 다시 태어나는 것이다. 그래서 언제나 새롭게 태어나는 하루의 첫 인사를 나누어야 한다.

'안녕.'은 새로운 세상을 시작하는 인사다. 또 하루를 시작하면서 만나는 사람들에게 먼저 '안녕.' 하고 인사를 건네면, 모든 존재에게 아침의 생명력을 전해 주는 것이다. 환대의 언어는 간단하지만 강력하다.

환대야말로 가장 소중하고 가치 있는 소통이다. 아리스토텔레스는 "부(富)를 이용하는 가장 좋은 방법은 바로 사람을 환대하는 것이다." 라고 말했다. 고대 그리스 철학자 플라톤은 "환대야말로 거룩한 의무다."라고 역설했다. 철학자 칸트는 영구적인 평화를 위한 시민법으로서 "지구적 규모의 보편적 환대"라는 개념을 주창했다.

"안녕.", "어서 오세요!", "만나 뵙게 되어 기쁩니다.", "자, 어서 들어오십시오."라고 웃는 얼굴로 인사하며 맞이하자. 우리는 환대받기 위해 태어난 존재이니까.

겉으로 보이는 것이
다가 아니다

02

언어의
울림

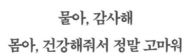

물아, 감사해
몸아, 건강해줘서 정말 고마워

내가 그의 이름을 불러 주기 전에는

그는 다만

하나의 몸짓에 지나지 않았다.

내가 그의 이름을 불러 주었을 때

그는 나에게로 와서

꽃이 되었다.

　김춘수 시인의 〈꽃〉의 일부다. 누구나 한 번쯤은 읽어봤을 만한 시이다.

　시인은 꽃이라고 불러주지 않았다면, 이름 없는 잡초에 지나지 않았을 것이지만, 이름을 불러 주었을 때 비로소 자신에게로 와서 '꽃'이 되었다고 한다. 만나는 사람의 이름은 사랑스럽게 불러주어야 더 빛이 난다. 고운 마음, 고운 언어를 사용해 보자, 고운 언어는 큰 울림이 있다. 바흐 혹은 모차르트의 곡처럼 따뜻하고 고운 언어에는 울림이 있어 퍼져가기 때문이다.

　성공한 사람과 실패한 사람의 차이는 평소 그들이 즐겨 사용하는 말씨에 있었다. 성공한 사람은 매사 긍정적이고 감사하는 언어를 취하는 반면, 실패하고 꼬이는 사람은 평소 불만과 짜증스러운 부정적인 말을 많이 사용하는 경우가 많았다. 그렇다면 당신은 즐겨 사용하는 언어가 무엇인가, 울림이 있는 언어를 나누고 있는가?

말 못 하는 식물도 감사의 언어를 표현하면 긍정의 반응을 보이는 데 사람은 오죽할까?

'감사합니다.', '고맙습니다.', '좋습니다.', '사랑합니다.'를 입버릇처럼 사용하는 사람에겐 반드시 감사할 일이 생기는 법이다. 그러므로 우리는 항상 말을 할 때 조심하고, 진중하게 생각하여 좋고 선하며 따뜻한 표현, 고운 언어를 써야 한다.

감사해 물병

필자는 오래전 베스트셀러가 된 에모토 마사루의 〈물은 답을 알고 있다(2002)〉라는 책을 읽고 일찍이 '감사합니다.', '고맙습니다.', '좋습니다.' 등 칭찬과 감사의 언어를 실천하며 나누고 있다.

에모토 마사루에 의하면 보통 수돗물을 페트병에 담고 '감사합니다.', '고맙습니다.', '좋습니다.', '건강합니다.', '다 나았습니다.' 하고 말한 뒤 그것을 현미경으로 들여다보면 물의 결정이 예쁘고 고른 형태로 만들어진다고 한다.

한편 같은 물에도 '바보.', '미워.', '아프다.', '이런 물에 무슨 효력이 있겠어.' 등의 부정적인 말을 하면 물의 결정이 붕괴되어 부서진다고 한다. 즉 물도 사람의 말을 알아듣는다는 것이다.

나는 당장 물병을 구입하여 '물아, 감사해, 몸아, 건강해줘서 정말 고마워.'라는 문구를 써서 붙이고 그 병에 물을 담아 마셨다. 물을 마실 때마다 "물아, 감사해. 몸아, 건해줘서 정말 고마워." 하는 말을 외치고 마신다. 더불어 늘 밝고 환한 표정과 미소를 머금고 생활을 했다. 이러한 태도는 감사의 울림은 커서 우리의 몸까지 좋은 울림으로 더해준다는 사실을 알기 때문이다.

방향을 능숙하게 조종하기

나는 폭풍을 두려워하지 않네.
자신의 배를 조종하는 방법을 배우고 있기 때문이라네.

– 루이자 메이 알코트(Louisa May Alcott)

나는 철학을 전공한 철학박사(Ph.D)이다. 학위 논문의 한 연구분야가 중세 '렉시오 디비나'(Lectio Divina/말씀묵상)로 우울증을 치료하는 것이었다.

독일의 유명한 철학자 칼 야스퍼스(Karl Jaspers)는 "우리는 언어와 더불어 비로소 사유할 수 있다."고 말한 바 있다.

홈볼트(Alexander von Humboldt)는 "우리는 언어가 우리에게 보여주는 대로 현실을 인식한다."고 설파했으며, 20세기 실존주의의 대표적인 하이데거(Martin Heidegger)는 유명한 말을 하였다.

"언어는 존재의 집이다. 언어의 주택 속에 인간이 산다."

우리는 순간순간 언어의 영향을 받으며 살아간다. 어떤 사람이 "당신, 참 좋다."라고 말하는 순간 좋은 울림이 생겨나 활기찬 하루를 시작한다. 그런데 "당신, 오늘 우중충하네."라고 말하면 좋지 않은 울림으로 하루를 보낸다. 이는 실제로 있는 일이다. 그러므로 우리는 행복의 발신지가 되어야 한다. 매일 격려의 발신지가 되는 말을 모토로 삼아야 한다. 당신이 항상 적극적이고 명랑하며 따뜻한 마음을 가지고 있으면 그것이 다른 사람에게 영향을 준다.

가정해보자. 바다에서 자신의 배를 정확히 목표지점까지 능숙하게 조종해 가는 능력이 있다면 멋진 항해가 될 것이다. 마찬가지로 행복해지는 방향으로 그 배를 조종해 가면 모든 사람이 그 배에 함께 탈 수 있게 된다. 그렇기 위해서는 바꿀 수 있는 것을 바꾸어야 한다. 인생에서 풍요로운 결실을 맺기 위해서 필히 자신의 생각을 바꾸고, 행동 방식을 바꾸고, 다른 사람들과의 인간관계를 온화하게 맺어 가

자. 거기에 마음을 울릴 수 있는 긍정적이고 격려의 좋은 말, 고운 언어가 꼭 필요하다는 것을 잊지 말자.

제일 예쁘잖아요

강이관 감독의 영화 〈사과(2008)〉에는 울림의 큰 대사가 등장한다. 자신이 좋아서 집요하게 따라다니는 남성에게 주인공 여성은 단호하게 말한다.

"왜 자꾸 따라 다니세요? 내가 뭐가 좋다구요?"

그는 그 물음에 서슴없이 대답한다.

"현정 씨가 이 빌딩에서 제일 예쁘잖아요!"

그 한마디에 주인공 현정 씨는 마음을 연다. 그들은 사귐을 갖게 되고 결혼까지 골인한다.

"현정 씨가 이 빌딩에서 제일 예쁘잖아요!"

이것이 언어의 울림이다.

커피를 좋아하는 나는, 따뜻함과 향기 그리고 만남의 울림을 담긴 빈 커피 컵을 버리지 않고 스토리를 메모하여 모은다. 나의 연구실엔 그렇게 모은 커피 컵으로 가득하다. 무엇이든 나와 울림을 가졌던 것을 분리하면 고통스러웠다.

하찮은 것일지라도 자신과 관계가 없다고 단정 짓지 말자. 책, 나무, 꽃, 물, 커피, 음식, 장소, 만남, 모임 등 모든 존재는 작게 더 작아져 입자가 되면 서로 연결되어 있다. 손이 자신의 두뇌이기도 하다. 발이 눈이 되기도 하다. 손이, 발이 자신인 것이다. 모두 서로 연결되어 있기에 말이다.

누군가 자신을 험담하는 소리를 들었다. 자동으로 우리 생각은 '저 사람과는 만나지 말아야겠다.'라고 단정 짓는다. 하지만 그 상황에서, 조금 숨을 고르고 '저 사람은 왜 그런 말을 했을까?' 하고 생각해 보는 것이 중요하다. 분명 자신의 마음과 머리와 연결되어 있음을 알 수 있다.

들꽃은 머리를 쓰지 않는다고 한다. 아무리 눈이 와도 눈에 묻힌 채로 봄을 기다린다. 불평은 하지 않는다.

인생은 늘 순간순간 바뀌어 간다. 요즘 모든 사람이 살아가는데 매우 힘겨워하고 있다. 어느 강이든 항상 같은 물이 아니다. 도움이 되는 울림으로 살자. 모든 사람들의 삶이 행복해지도록 소망하자. 그 울림이 내 인생에도 울리게 된다.

생각해 보자, 마음을 여는 소리의 울림이 있었는가, 오늘도 도움이 되는 언어의 울림이 있었는가, 나의 행동이 다른 사람들의 삶에 도움이 되었는가, 지금 이 일을 하는 것이 도움이 되고 있는가를 자신에게 물어보자.

나의 울림은 나와 연결된 모두가 풍요로운 결실을 맺도록 돕고, 인생이 생기 있고, 즐겁고, 기쁘게 사는 것이다. 그것이 삶의 보람이다. 그러하도록 돕는 힘이 바로 언어의 울림이다.

언어의 울림이 되기 위해서는 공감과 이해가 바탕에 깔린 목소리 톤과 언어를 사용해야 한다. 오로지 상대에게만 관심을 쏟고 최우선해야 한다.

"정말 힘들었겠네요."

"이 얘기는 당신을 매우 힘들게 하리라는 걸 알아요."

"거기에 대해 좀 더 많이 얘기해 봐요."

감동의 언어

윌리암 J. 디엄(William J. Diehm)의 〈감동을 창조하는 인간관계〉라는 책에는 잘못된 언어가 얼마나 무서운 영향력을 끼치는지에 대해 실려 있다.

어느 날 어린 자녀가 자신의 불안을 의붓아버지에게 이야기한다.

"아빠, 저는 결코 아빠를 즐겁게 해드릴 수 없어요. 저는 결코 좋은 일을 할 수 없어요. 저는 죽고 싶어요."

이 말을 들은 의붓아버지는 감정이 상하여 그 아이에게 "그럼 가서 죽어."라고 말했다. 그 말을 들은 어린아이는 자신의 방으로 들어가서 문을 잠그고 스스로 목을 맸다. 잘못된 언어 습관 한마디가 한 어린아이의 생명을 빼앗아 간 것이다.

정성으로 말한 고운 언어, 희망의 말은 사람을 살리지만 나쁜 말, 잘못된 언어는 사람을 죽일 수도 있다. 긴 삶의 여정 가운데 사람들과의 관계에서 가장 중요한 것은 언어이다. 언어를 통해 사랑도, 행복도, 그리고 성공도 이루어지기 때문이다.

우리는 날마다 언어를 사용한다. 만나는 사람들과 언어를 나눈다. 언어를 통해 서로의 존재 가치를 발견하고 인정해 줄 수 있다. 그리고 언어를 통해 우리의 마음을 잘 가꾸어갈 수 있다. 언어로 사람이 행복해질 수 있다고 확실히 믿기에, 언어를 통해 보다 풍성한 삶을 살 수 있는 환경이 주어지도록 노력해야 한다.

사람의 마음에 감동을 주는 언어들을 배워 사용하자. 마음에 감동을 주는 언어를 배우기 위해서는 생각을 바꾸고 고운 언어 배우기에 힘을 써야 한다. 그리고 자신이 먼저 감동을 받은 언어를 사용하는 것도 좋다.

잘못된 언어 습관 바꾸기

자신의 잘못된 언어 습관을 깨달았다면, 바로 발견된 그릇된 습관을 바꾸어야 한다. 먼저 긍정적이고 적극적이며 배려가 담긴 언어, 감사의 언어를 사용한다. 다음으로 상대를 위해 고운 언어를 선택하고, 좋은 타이밍을 선택하여 언어를 사용한다. 머리가 아닌 가슴의 언어로, 그 언어 속에 진실이 담겨 있을 때 사람의 마음은 움직이게 된다.

또한 진실한 언어를 배우고 익혀야 한다. 감동을 주는 언어를 배워 익혀 보자. 친절한 말, 유순한 말, 칭찬하는 말, 격려하는 말, 그리고 사랑의 말을 배워야 한다. 규칙적으로 선한 말을 제공해 주어야 한다.

인자한 성품은 다른 사람들에 대한 배려가 능숙하다. 다정다감한 성품은 모든 이들에게 감사의 마음을 전하는데 매우 익숙하다. 그들은 평상시에 친절하다. 평소 만나는 사람들에게 "하나님의 축복이 당신과 함께 하길."이라는 따뜻한 언어 나누기를 즐겨 사용한다.

12세기 철학자이자 탈무드 학자인 모세 마이노니데스(Maimonides, Moses)는 인간은 모든 행동에서 극단을 피하고 중도를 추구해야 한다고 말했다.

설령 모욕적인 언사와 무례한 행동에 화를 내서도 안 된다. 참아야 한다. 그리고는 쉼으로 안정된 상태에서 지혜롭게 해야 한다.

언어의
울림

03

언어의
실험

감사의 건강학

　말은 우리 신체에도 영향을 미쳐서 질병의 원인이 되기도 한다. 「우리는 왜 아플까」의 저자인 대리언 리더(Darian Leader)와 데이비드 코필드(David Corfield) 박사는 심리학과 정신분석학에 근거해 병의 원인을 밝히는 과정에서 '우리가 사용하는 언어가 몸에 직접적인 영향을 미친다.'고 주장한다.

　어떤 병에 잘 걸리는 이유는 바로 그 사람 말을 들어보면 안다는 것이다. 즉, 관절염에 걸리는 사람들은 관절염을 가져오는 말을 자주 하고, 암에 걸리는 사람들은 암을 유발하는 말을 한다는 것이다. 이처럼 말의 성격에 따라서 그 육신의 병들도 다르다는 것이다.

　다도가 김의정 씨는 〈마음에서 부는 바람〉이라는 책에서 "입 속의 도끼를 버려라. 사람은 세상에 태어날 때 입 안에 무서운 도끼를 물고 있다. 그 도끼로 스스로의 몸을 찍어댈 뿐만 아니라 세상을 더럽히는데 그것은 입 안에서 뿜어져 나오는 나쁜 말 때문이다."라고 말하였으며, 기업인 한창희 씨는 〈혀, 매력과 유혹〉이라는 책에서 "말은 그 말에 해당하는 것을 끌어당기는 힘을 가지고 있다. 말은 병을 낫게도 하고 병에 걸리게도 한다. 말은 부자가 되게도 하고 가난뱅이가 되게도 한다. 한 가지 놀라운 것은 우리는 과거에 말한 대로 현재를 살고 있다는 것이다. 따라서 오늘 아니 이 시간에 어떤 말을 하느

언어의
실험

냐가 미래의 운명을 결정한다고 해도 과언이 아니다."라고 역설한다.

　이처럼 많은 사람들이 말의 중요성에 대해 이야기한다. 그렇다면 우리가 "할 수 있다. 하면 된다. 해 보자."라는 긍정적이고 창조적인 말을 사용하는 것은 너무 당연한 일이다.

'감사합니다.'의 말 실험

　여기 주목하자. 내가 자주 하는 말이 나의 행동과 삶을 지배한다.

　이를테면 부정적인 말은 자아상을, 거친 말투는 나의 기분을, 그리고 일상은 삶을 망친다. 관계도 더 꼬이게 된다.

　안 되는 조직은 안 될 수밖에 없는 이유가, 잘되는 기업은 잘될 수밖에 없는 이유가 있다. 다음의 한 실험에서 그 힌트를 얻을 수 있다.

　"사람들이 화를 낼 때 내뱉은 숨을 담은 봉지에 모기를 넣으면 몇 분 안에 죽어 버리지만, 반대로 웃을 때 뱉는 숨에서는 훨씬 오래 살아 있다는 것이다."

　감사가 있는 곳은 언제나 풍성한 결과를 맺는다. 과자로 유명한 일본의 '다케다 제과'의 경영주 다케다 회장은 과자를 만들 때 직원들에게 과자를 향해 "감사합니다."라고 외치게 한다고 한다. 그는 하루에 3천 번씩 "감사합니다."라는 말을 외치라고 권한다. 심지어 공장에다 "감사합니다."라고 녹음한 테이프를 작업 시간 내내 틀어놓는다. 그래서 제품이 출고될 때까지 과자반죽은 100만 번의 "감사하다."란 말을 들으며 만들어진다고 한다.

또 일본의 농사의 명인 미야카와 씨는 벼가 모판에서 싹을 낼 때, 매일매일 논에 가서 "쑥쑥 크게 자라야 한다. 잘 자라야 한다."고 정성 어린 말을 해주면, 보통 100알이 열리는 이삭에서 더 많은 400알을 만들어 낸다고 했다.

1995년 존 바그(John Bargh) 예일 대학교 사회심리학과 교수는 한 가지 흥미로운 실험을 하였다. 대학생을 세 그룹으로 나누어 한 그룹에게는 '공격적인, 대담한, 무례한, 귀찮게 하다, 방해하다, 침범하다.'와 같은 부정적이고 무례하며 파괴적인 단어를 만들게 했다. 또 다른 한 그룹에게는 '예의바르다, 배려하는, 고마워하다, 참을성 있게, 다정하게, 사랑스러운, 양보하다.'와 같은 고운 말, 예의바른 단어로 문장을 만들어 사용하게 했다.

실험 결과는 부정적인 단어 혹은 문장을 말하면, 신체 능력이 떨어지는 반면에 긍정적인 단어나 감사의 문장을 말하면 뇌에 긍정적 영향과 신체에 예의바른 행동을 촉진하였으며 건설적인 인생으로 이끌어주었다. 결국 긍정적이고 격려하는 말은 변화를 준다.

언어의
실험

감사의 언어 실험

어느 조사에 따르면, 부모로부터 자녀들이 가장 상처를 많이 받는 말은 "네가 제대로 하는 게 뭐 있어?", "그것도 못 해!"라는 말이라고 한다. 반대로 가장 힘이 되는 말은 부모로부터 "이 세상에서 네가 가장 소중하단다."라는 말을 듣는 것이라고 한다. 내가 내뱉은 언어는 그대로 적용됨을 잊지 말자.

주목하자. 여기 놀라운 연구결과를 보고자 한다.

연세대학교 사회복지학과 김재엽 교수는 부부 사이에 주고받는 '감사합니다.', '고맙다.', '미안하다.', '사랑한다.'라는 긍정적이고 따뜻한 언어가 암 예방과 노화방지에 효과가 있다고 밝혔다. 또한 노인 남성 30명을 대상으로 실험한 결과 배우자에게 매일 이런 표현을 한 그룹 사람들의 스트레스 지표가 50% 감소하였다고 한다. '감사합니다.'는 말 한마디가 암 예방, 노화방지, 그리고 스트레스 감소의 효과가 있다는 의미이다.

다음은 언어 분야에서 최고의 실험이다.

긍정적인 언어가 물의 결정체 모양을 아름답게 만들고 부정적인 언어는 결정체 모양을 일그러뜨린다는 〈물은 답을 알고 있다〉의 저자 에모토 마사루(Emoto Masaru) 박사의 유명한 실험이다.

이 이야기는 많은 사람들이 다 알고 있다. 긍정적인 생각과 언어의 힘이 얼마나 대단한지를 보여주는 그의 실험을 보면, 쌀밥을 두 용기에 담고 한쪽은 "감사합니다.", "고맙습니다.", "사랑합니다.", "예쁩니다." 등과 같이 긍정적인 말을 해주고, 다른 한쪽은 "짜증나.", "미워."와 같이 부정적인 말을 4주 동안 해준 결과 양쪽은 확연한 차이를 보였다.

"감사합니다."라는 언어에 물도 이렇게 큰 차이를 보여주는데, 사람은 어떨까? 내가 습관적으로 사용하는 말 한마디가 가족, 친구, 동료들에게 직간접적으로 엄청난 영향을 미치고 있다는 사실이다. 하지만 최고의 처방도 알고 있으니, 날마다 "고맙습니다.", "사랑합니다.", "감사합니다." 등 긍정의 언어를 사용하면 되는 것이다.

이 실험을 재확인하기 위해 여러 실험이 있었다. 쌀밥, 양파, 꽃, 귀 등에서 결과는 모두 같았다.

칭찬 격려의 실험

심리학자 로젠탈(T. L. Rosenthal) 교수는 학생들을 대상으로 흥미로운 실험을 했다. 무작위로 초등학생들을 뽑아 교사들에게 교육을 맡기면서 "이 아이들은 지능검사 결과 매우 우수한 학생들입니다."

하고 귀띔했다.

사실 이 아이들은 또래집단의 평균 또는 평균보다 낮은 지능을 가진 아이들이었는데, 처음 로젠탈 박사의 말을 들었던 교사들은 매일 그 아이들에게 "너희들은 우수한 아이들"이라고 칭찬과 격려를 해 주었다. 그런데 8개월이 지난 후 지능검사를 했더니 이 아이들의 지능이 다른 아이들에 비해 눈에 띄게 향상된 것을 알 수 있었다. 교사의 지속적인 기대와 칭찬, 관심을 받은 아이들의 지적 능력이 8개월 만에 완전히 달라졌다는 것이다. 아이들은 누구나 성장의 가능성을 가지고 있고 칭찬을 지속적으로 들으면 우수한 학생들로 변화될 수 있다는 것이다.

예일 대학교 심리학과 로버트 스턴버그 교수는 〈끌리는 사람은 1%가 다르다〉라는 책에서 칭찬에 관한 자신의 경험을 말하고 있다. 그것은 처음 보자마자 마음에 끌리는 사람은 바로 입에 발린 소리나 아부가 아닌 진심으로 한마디의 '칭찬'을 아끼지 않는 사람이라는 것이다. 전체가 다른 것이 아니라 99%는 같고 거기에서 1% 더 뭔가 마음을 끄는 것이 있는데, 그것이 바로 '칭찬'하는 능력이라는 것이다. 교사의 말 한마디는 큰 힘을 가지고 있어서 "너는 반드시 훌륭한 사람이 될 거야."라는 한마디 말로 학생들의 인생 전체를 바꿀 수도 있다는 것이다.

노만 빈센트 필(N. V. Peale) 박사에게 어느 청년이 찾아와 물었다.

"어떻게 하면 장사를 잘할 수 있을까요?"

필 박사는 카드에 글을 하나 적어 청년에게 주었다. 카드에는 '나는 훌륭한 세일즈맨이다. 나는 프로다. 나는 모든 준비가 되어 있다. 나는 고객을 나의 친구로 만든다. 나는 즉시 행동을 한다.'고 쓰여 있었다.

필 박사는 청년에게 그 카드를 매일 지니고 다니면서 반복해서 읽으라고 권했다. 그래서 청년은 고객을 만날 때마다 그 카드를 읽고 자기 마음속에 말의 씨앗을 심어 놓았다. 스스로 긍정적으로 변화한 청년에게 결국 기적이 일어났다.

이 말을 읽은 대로 사람들이 변화하고 자기도 변화되어 물건을 잘 팔아서 부자가 되었기 때문이다. 긍정의 한마디가 이 청년의 삶을 통째로 바꾸었다.

1:5로 말하기

하버드 대학교 협상연구소에서는 특별한 실험을 했는데, 신혼부부의 대화를 분석하여 그들이 이혼할 것인지 아닌지를 알아낼 수 있다는 실험이었다.

실험은 간단했다. 신혼부부 몇 쌍에게 최근에 함께 겪었던 갈등에 대해 몇 분간 얘기해 달라고 한 후 그들의 대화를 분석했다. 결과는 놀라웠다. 서로 간에 오고 가는 말을 단 30초만 분석해도 결혼생활을 지속할지, 이혼할지 90% 정도 예측할 수 있었다는 것이다.

결혼생활을 지속한 부부의 경우는 비방의 말과 인정의 말이 1:5로 나타났다. 즉, 비방하는 말을 1번 했다면 인정하는 말을 5번 했고, 이 경우는 실제로 결혼생활을 오래 유지하는 경향이 있었다고 한다.

반면 이혼이 예측된 부부들은 인정하는 말을 1번 했다면, 비방하는 말을 5번 이상 했고 결국 비방하는 언어의 비중이 높은 부부는 이혼할 확률이 높았다는 것이다.

부정적인 말을 아예 하지 않고 사는 것은 쉽지 않다. 그러나 부정적인 말을 할지라도 상대를 인정하는 것을 5번 하고 비난하는 것을 1번 하는 가정은 무너지지 않는다. 그러므로 우리는 가능하면 상대방을 인정하고 존중하는 말을 많이 사용해야 되는 것이다.

혼잣말

우리가 혼잣말로 "오늘은 기분이 좋지 않다.", "오늘은 일이 잘못될지도 모르겠다."고 말하면 그 말이 실제 삶 속에 영향을 미친다고 한다.

최근 월스트리트 저널지에 실린 기사를 보면 혼잣말도 큰 효과가 있다는 기사가 있었다. 혼잣말도 사고의 한 부분으로 자기 자신과 혼자 대화를 하면서도 생각을 하게 되기 때문에 "힘내.", "해보자.",

"할 수 있어." 등 혼잣말로 자기 자신을 응원하면서 어떤 임무를 수행하면 실제로 도움이 된다는 것이다. 또 "나는 할 수 있어!"라고 말하는 것보다 자신의 이름을 직접 부르며 "○○○, 넌 할 수 있어! / ○○○, 넌 힘이 있어. / ○○○, 너는 튼튼해. 아프지 않아."라고 말하는 것이 더 효과가 있다는 것이다.

운동 경기를 볼 때 국가대표 선수가 나오면 나 대신 싸우는 사람처럼 감정을 이입해 선수를 응원하게 될 때가 있다. 실제로 경기장에서 직접 응원을 받은 선수들은 관중들에게 긍정의 에너지를 받아 힘을 내고 좋은 경기를 펼칠 수 있었다고 말한다.

내가 먼저 스스로를 응원하지 않으면 누가 응원해 줄까? 매일 스스로를 응원하기 바란다. "나는 피곤하지 않다.", "나는 건강하다.", "나는 음식도 잘 먹는다.", "사업이 잘된다. 좋은 일이 내게 일어난다!"라고 자기가 자기를 응원하면 놀라운 일이 일어나게 되는 것이다. 그러므로 우리는 항상 "나는 잘한다.", "나는 할 수 있다.", "나는 오래 산다."라고 창조적이고 긍정적인 말을 자기 자신에게 소리 내어 들려주어야 한다.

이처럼 언어의 실험에서 보듯이 우리가 생각하는 것보다 훨씬 큰 모든 것을 변화시키는 힘이 있다. 그래서 우리는 오늘부터 축복의 말을 해야 한다. 긍정의 고백을 통하여 삶에 변화와 창조를 가져올 수 있기 때문이다. 기억하자. 긍정의 언어는 간단하지만 강력하다. 우리 인생을 바꾸는 힘을 지녔다.

04

힘찬

희망의

말

희망의 언어

나는 늘 입에 달고 사는 인사말이 있다.

"하는 일마다 잘될 것이다.", "참 좋다.", "감사한다."

그런가 하면 구약성경 욥기의 말씀을 좋아한다. "

"네가 희망이 있으므로 안전할 것이며 두루 살펴보고 평안히 쉬리라. 네가 누워도 두렵게 할 자가 없겠고 많은 사람이 네게 은혜를 구하리라."(욥기 11:18~19) 또 가장 좋아하는 단어가 "희망"이다.

나는 가장 호소력 있는 희망 경구로 다음의 라틴어 격언을 즐겨 꼽는다.

'spero spera'(스페로 스페라)! '나는 희망한다. 너도 희망하라.'는 뜻이다. 격언 '숨을 쉬는 한 희망은 있다.'는 '아무리 힘들어도 결코 끈을 놓아서는 안 된다.'는 의미를 갖고 있다. '희망'이라는 말이 얼핏 평범한 상투어인 듯하나, 이 말을 좋아하는 진짜 이유는 따로 있다. '희망'은 기어코 귀환(return)하기 때문이다. 나의 삶이 처절한 환경일지라도, 눈앞이 칠흑이어도, 절망적일지라도 희망은 어김없이 다시 돌아온다.

사람이 꽃보다 더 아름다운 이유는 깊은 절망 가운데서도 다시 일어설 희망을 버리지 않기 때문이다. 나폴레옹은 전쟁에서 패한 이후에도 결코 희망을 버리지 않고 다음과 같이 말했다.

"비장의 무기는 아직 내 손 안에 있다. 그것은 바로 희망이다."

내가 좋아하는 문인 중 한 사람이 독일의 대표적인 시인 요한 볼프강 폰 괴테(Johann Wolfgang von Goethe)이다. 그는 독일의 대문호의 작가이자 철학자, 과학자이자 독일이 낳은 천재 중 한 명으로 불린다. 그의 아버지 요한 카스파르 괴테는 평민 출신이지만 규모가 큰 세탁업 공장을 하는 유복한 집안에서 태어나 고등교육을 받아서 왕실고문관까지 올라 당시 평민층으로서는 엄청난 출세를 거둔 사람이었다. 괴테의 대표작 〈젊은 베르테르의 슬픔〉은 그가 25살인 1774년에 이미 이 작품 하나로 평생 먹고 사는 데 지장이 없을 정도로 유명세를 떨쳤다. 최고의 작품이었다.

괴테는 자신의 시 〈경고〉에서 '행복은 저 멀리 엉뚱한 곳에 있는 것이 아니라 늘 내 곁에, 주변에 항상 함께 하고 있다.'고 말한다.

> 어디까지 방황하며 멀리 갈 셈인가?
> 보아라, 좋은 것은 여기 가까이 있다.
> 행복을 찾는 법을 배워라.
> 행복은 늘 당신의 곁에 있다.

"고통을 겪으며 배웠다."고 하는 괴테에게서 우리는 고통 그 자체뿐만 아니라, 고통을 통해 성장하고 성과를 만들어내는 실질적인 교양을 배울 필요가 있다. 독일의 사상가인 에른스트 블로흐(Ernst

Bloch) 역시 "인간은 끊임없이 희망을 품는 존재다."라고 말했다. 셰익스피어의 조언도 "절망을 치유하는 명약, 그것은 희망밖에 없다."는 것이었다.

이제 자신의 입술로 희망의 나팔을 불어야 하며 그 희망은 어김없이 그대에게 돌아온다. 희망은 기어코 귀환하며 다시 돌아온다.

이소산금(二疏散金)

> "이 세상에서 긍정적인 격려보다 더 능력 있는 것은 거의 없다.
> 미소, 낙관적이고 희망적인 한마디 말. 난관에 처했을 때 '
> 너는 할 수 있어.'라는 한마디."
>
> **- 리처드 드 보스**

희망의 말은 위력적이다. 데이 C. 셰퍼드는 '세 가지 황금 문'이란 책에서 "말하기 전에 언제나 세 가지 황금 문을 지나게 하라."고 말한다. "첫째, 참말인가. 둘째, 정말 필요한 말인가. 셋째, 친절한 말인가.

우리가 말하기 전에 이 세 가지 황금 문을 확실히 지나왔다고 생각하면 그 결과를 걱정하지 말고 담대하게 외치라고 말한다. 그렇다. 말이란 광풍에 밀려가는 커다란 배를 조종하는 키와 같고 우리 삶의

힘찬 희망의
말

방향을 결정하는 원인이 되는 것이다. 그러므로 늘 신중하게 생각하고 말을 잘 선택해서 해야 한다. 인간이 가진 가장 강력한 욕구 중에 하나가 인정받고 싶은 욕구이다. 온전한 관심을 갖고 인정해주는 말을 하자.

절망감, 우울감, 무기력감 등으로 인하여 힘들어하고 있다면, 그것을 자세히 들여다보자. 어쩌면 가짜 형상일 수도 있다. 우리의 진짜 내면은 늘 희망을 전제로 하고 있기 때문이다.

〈좋은 생각 3월호〉 중에서, 중국 고사에 '이소산금(二疏散金)'은 '두 소 씨가 재산을 다 흩뿌리다.'라는 말에서 나왔다. 이야기에서 소유가 희망이 될 수 없음을 가르쳐 주고 있다.

소광과 소수는 중국 한나라 때 태자를 가르쳤던 스승이었다.

황태자를 가르치는 자리에 오른, 삼촌과 조카였다. 부와 권력 명예까지 누릴 수 있는 자리였는데, 어느 날 삼촌이 조카에게 말했다.

"만족할 줄 알면 욕된 일을 당하지 않고, 그칠 줄 알면 위험에 빠지지 않는다. 그만 고향으로 가자."

평소 삼촌을 존경하였던 조카는 그 말에 따랐다. 황제는 고향으로 내려가겠다는 그들에게 많은 황금을 하사하였다. 고향에서 그들은 황금을 팔아서 매일같이 잔치를 열며 이웃들과 먹고 마셨다. 보다 못한 조카가 황금을 그렇게 쓸 것이 아니라, 자손을 생각해서 땅을 사자고 권했다.

그러자 삼촌이 말하기를 "우리 집은 대대로 물려받은 땅도 있고, 자손들이 열심히 가꾸면 보통의 생활은 할 수 있다. 그런데 거기에 재물을 더하면, 자손들에게 게으름만 가르치는 것이다. 또한 현명한 사람이 재물을 많이 가지면, 그 뜻이 손상되고, 어리석은 사람이 재물을 쌓으면 잘못만 많아지는 법이다. 나는 자손들이 잘못을 저지르거나, 원망 듣는 것을 바라지 않는다."

이 이야기는 요즘의 안목으로는 잘 이해가 안 가는 것일 수도 있다. 하지만 두 소 씨는 삶의 희망을 '소유'가 아닌 '존재'에 두었다. 부디 바라기는, 이 글을 읽는 독자들은 행복, 기쁨, 봉사, 그리고 사랑에 목적가치를 두었으면 한다. 수단가치에 목적을 두는 것이 아니라 목적가치에 둔 삶을 추구하기 바란다.

심리학자 에리히 프롬의 말을 빌리자면, 목적가치에 희망을 둔 삶을 살라고 말하고 있다. 미국 작가 예반(Javan)의 시집에 보면 삶에 대한 자신의 통찰을 노래한 시구가 있어 소개한다.

가끔 우리는 별로 고마운 줄도 모르는 채 무언가를 받습니다.
그렇지만 잊어버리고 나면 늘 그 가치를 깨닫습니다.

존스홉킨스 의과대학의 커트 리히터 박사는 한 실험에서 언젠가는 유리병 밖으로 나갈 수 있다는 것을 아는 쥐가 그렇지 않은 쥐보다 물속에서 더 오래, 끝까지 포기하지 않고 헤엄을 친다는 결과를 발표했다. 즉, 희망은 삶에 대한 애착과 의지에 비례함을 알 수 있다. 그러므로 긍정의 희망을 품어야 한다.

셰익스피어의 조언을 곰곰 되새겨 보고자 한다.

"절망을 치유하는 명약, 그것은 희망밖에 없다!"

그러므로 어떤 경우와 상황에서든 희망의 말을 써야 한다.

희망의 언어는 기어코 귀환하여 기품 있는 사람을 만들기 때문이다.

행복은 저 멀리 엉뚱한 곳에 있는 것이 아니라
늘 내 곁에, 주변에 항상 함께 하고 있다.

Johann Wolfgang von Goethe

05

챔피언

언어

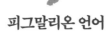

피그말리온 언어

'피그말리온 효과(pygmalion effect)'란 타인이 나를 존중하고 나에게 기대하는 것이 있다면 그 기대에 부응하는 쪽으로 변하려고 노력하여 결국 결실을 맺는다는 것을 뜻한다.

그리스 신화를 보면 키프로스에 사는 피그말리온이라는 젊은 조각가의 이야기가 나온다. 상아로 여인상을 조각한 그는 여인에 관심이 없었음에도 불구하고 자신이 만든 여인상이 너무나 아름다운 나머지 사랑에 빠지고 만다.

어느 날 아프로디테의 축제날을 맞이하게 된 그는 미의 여신에게 〈상아의 여인상과 같은 여인〉을 만나게 해달라는 간절한 희망의 말을 속삭인다. 그 후, 집으로 돌아와 여느 때처럼 여인상에 입을 맞추는데 이번만은 그녀의 입술이 따뜻하고 촉촉한 게 아닌가. 피그말리온의 지고지순한 사랑에 감동받은 아프로디테가 그의 기도에 응답해주어 굳어 있던 여인상이 진짜 여인이 된 것이다.

이는 피그말리온이 챔피언의 언어를 사용한 결과이다. 챔피언의 언어는 딱딱한 조각상이 진짜 여인이 되게 만드는 기적이 있다.

챔피언의 언어

　생산관리에 있어 획기적인 사건이 있었다. 조지 엘튼 메이요 (George Elton Mayo) 하버드 대 교수와 연구팀은 조직관리에 관한 연구 실험을 했다. 총 4단계의 실험을 통해 "자신에게 관심을 갖고 있는 누군가가 나를 지켜보고 있다고 느끼면 긍정적으로 행동을 바꾸거나 일의 생산성이 높아진다."는 것이다. 이것을 호손 효과(Hawthorne effect)라 한다. 타인의 시선을 의식하면 원래의 의도나 본래의 천성과 다르게 행동하게 되는 현상을 의미한다. 성공하거나 챔피언들은 호손 효과의 의지하여 말을 한다.

　"앞으로 열심히 할게요. 지켜봐주시고 응원해주세요."

　세계적인 제조기업 GE의 전 회장인 잭 웰치(Jack Welch)는 어린 시절 말을 심하게 더듬어서 놀림을 받았다. 그러나 어머니는 잭 웰치에게 늘 격려의 말을, 즉 이긴 승리자의 챔피언의 언어를 아끼지 않았다.

　"네가 말을 더듬는 이유는 생각의 속도가 너무 빨라서야. 생각의 속도를 입이 따라가지 못하기 때문이니 너무 걱정할 필요 없다. 너는 나중에 훌륭한 사람이 될 거야."

　잭 웰치가 어떤 사람이 되었는지는 이미 증명되었다.

명심하자. 내가 자주하는 말이 내 인생을 만들어간다. 오늘 하루의 결과는 평소에 내가 했던 말의 결과일 수 있다. 언어는 뇌를 작동케 하고 삶을 만들어가기 때문이다.

세계적인 오페라 가수 폴 포츠(Paul Potts)에게 영국 브리튼즈 갓 텔런트에서 우승할 수 있었던 그 이유가 무엇인지 물었다. 그는 평범한 휴대폰 세일즈맨이었다. 가난과 왕따, 교통사고, 종양수술 등으로 인간관계에 어려움이 있던 그에게 확고한 꿈은 성악가가 되는 것이었다. 그는 자신의 꿈대로 음악을 하게 된 후 이런 명언을 남긴다.

"인생을 살다 보면 길이 다 막히고 장애물로만 가득 차 있다고 생각할 때가 있다. 하지만 중요한 건 그럴 때마다 왔던 길을 포기하지 않고 계속 앞을 향해 나아가는 것이다."

"사랑하는 직업이 있으면 포기하지 말고 잡아라. 그 직업을 잡고 시작하면 성공할 길은 반드시 있을 것이다."

나는 평소 입버릇처럼 달고 다니는 말이 "감사하다."이다. 모든 것이 감사할 뿐이다. 지속적으로 되뇌는 말은 뇌를 바꾸고 행동을 변화시킨다. 전설적인 복싱 영웅 무하마드 알리(Muhammad Ali)는 무명 시절에 항상 "나는 최고가 될 거야.", "나는 최고야!"라고 외치고 다녔다. 훗날 KO승으로 승리 후 알리는 "내 승리의 반은 주먹이 아닌 말에 있었다."라고 말했다. 그는 '영원한 강자는 없다.', '나비처럼 날아 벌처럼 쏜다.' 등의 명언을 남기며 자신이 챔피언이 될 수 있었던 이유를 다음과 같이 말했다.

"챔피언은 훈련장에서 만들어지지 않는다. 챔피언은 열정과 꿈 그리고 비전과 같이 마음속 깊은 곳에서 만들어진다."

확고하게 나의 꿈을 적고 말하기가 중요하다.

"나의 꿈은 이루어지고 있다.", "아주 잘하고 있다.", "곧 이루어지게 된다.", "난 챔피언이다."

이처럼 확고한 챔피언의 언어를 말하자.

자화자찬

2017년 미국여자프로골프(LPGA)투어 시즌 처음으로 2승 고지를 밟아 여자골프 세계 랭킹 1위에 오른 유소연 선수에게 우승의 원동력이 무엇인지 소감을 물었다.

"내 자신에게 많은 칭찬을 해주고 좋은 컨디션을 유지한 것이 우승으로 이어진 것 같다."

즉 자화자찬이 우승의 원동력이 되었다는 것이다. 스스로의 자화자찬도 흥이 나고 의욕이 증진된다. 혹 우리는 타인에게는 칭찬을 잘하면서 자기 자신에게는 칭찬에 인색하지 않은지 자기 칭찬을 생활화하자. 오늘 하루 내가 잘한 일이나 수고한 것에 대해 칭찬을 해주자.

스스로 칭찬하기	오늘 자신에게 칭찬해 주기

"넌 참 잘해."
"나는 눈이 잘생겼어."
"난 웃음이 백만 불짜리야."
"난 내가 좋아."

고통 없이는 얻는 것도 없다는 좌우명을 갖고 있다는 피겨 여왕 김연아 선수의 자화자찬 언어는 무엇일까? 그녀는 남보다 몇 배의 노력과 연습으로 세계적인 선수가 되었다. 피나는 반복훈련의 결과였다. 결국 2010년 밴쿠버 동계 올림픽에서 금메달을 목에 걸었다. 그녀는 훈련과 힘든 슬럼프가 올 때마다 자화자찬의 언어로 말했다.

"최선을 다하는 모습을 지켜봐주세요."
"앞으로 더 잘할 테니 지켜봐주세요."

자신의 몸에 건넨 감사

긍정의 감사 언어가 주는 효과는 놀랍다. 힐링을 넘어 기적을 만든다. 단지 '고마워.', '감사합니다.'라고 말함으로써 지금보다 더 건강해지고 행복해질 수 있으며 하는 일마다 더 잘된다. 일찍이 나는 이

놀라운 감사의 위력을 발견했고 '감사 힐링', '감사 노트' 책을 썼고 감사 실천 운동을 펼치고 있다.

베스트셀러가 된 작가 론다 번(Rhonda Byrne)의 저서 〈시크릿(The Secret)〉에는 유방암으로 투병하는 케이시 굿맨의 이야기가 나온다.

케이시는 하루 종일 그저 웃고 웃었으며 또한 '감사하다.'는 말의 딱 두 가지만을 했는데 세 달 후 암세포가 완전히 사라졌다고 했다. 기적이 일어난 것이다.

내 몸에 건네는 '고맙다.', '감사하다.'는 말 한마디가 몸에 싱싱한 기운과 생기의 회복을 불어넣어 준다. 오늘도 하루 종일 고생한 발에게, 이것저것 분별해준 눈에게 '고맙다.'고 말해 주자.

감사 언어를 생활에 적용하면 놀라운 변화가 생긴다. 가장 먼저 긍정적인 성격으로 변하고 활동적인 태도를 갖게 된다. 스트레스를 덜 받으며 열린 시각으로 상황을 바라본다. 유머감각을 갖게 되며 관대하여 친절한 사람이라는 평판을 얻게 된다. 가족과 모임, 직장에서 예전보다 훨씬 돈독해진다.

감사 언어는 타인에게도 효력을 미치지만 자기 자신에게 들려주는 것이 더 중요하다. 감사의 에너지를 받지 못한 몸은 이곳저곳 삐걱거림이 더 심하다. 어디가 아프지 않더라도 자신의 몸을 향해 감사 언어를 들려주어야 한다. 자신의 두 팔을 가슴에 얹고 또는 아픈 곳에 올려놓고 수시로 감사 언어를 속삭여 주자.

"몸아, 오늘도 부탁한다. 성정을 잘 지켜 화 내지 말고 행복하게 보내 주기를 바란다."

"몸아, 고맙다. 오늘 하루도 잘 챙겨줘서 고맙다."

"어깨야, 더 아프지 않아서 고맙다. 내일은 통증 없이 만나자."

"몸아, 오늘 하루도 수고했어. 건강하게 지켜줘서 고마워."

"오늘도 열심히 살아줘서 고맙다."

긍정적인 사람

건강, 관계, 직무 등 모든 면에서 긍정적인 사람이 비관적인 사람에 비해 훨씬 위험이 적고 생산과 능률이 좋다는 것이 일반적인 견해이다. 로라 쿠브잔스키(Laura Kubzansky) 하버드 대학교 교수는 건강한 사람 1,300명을 대상으로 실험한 결과를 발표했다. 긍정적인 생각의 소유자일수록 부정적인 생각의 소유자보다 훨씬 건강하다는 것이다. 통증을 느끼는 비율도, 심장마비를 일으킬 가능성도 아주 적다는 것이다. 즉, 긍정적으로 생각을 바꾸면 인생에서 바뀔 것들이 너무나 많다는 것이 결론이다.

또 하나의 유명한 일화가 있다.

유럽의 한 예배당에서 신부가 성찬을 준비하고 있었다. 한 어린아

챔피언
언어

이가 그 신부를 도와 성찬을 준비하다 그만 실수를 해서 포도주잔을 땅바닥에 떨어뜨리고 말았다. 신부는 버럭 화를 내면서 니같이 조심성 없는 녀석은 필요 없다고 그대로 내쫓아 버렸다.

이 아이는 자라서 무신론자이며 철저한 공산 국가의 독재자가 되었다. 그가 바로 유고의 '티토' 대통령(Josip B. Tito)이다.

동시대에 또 다른 한 예배당에서도 신부가 성찬을 준비하고 있었다. 마찬가지로 한 어린아이가 신부를 보좌하다가 실수로 포도주잔을 땅에 깨뜨려 버리고 말았다. 그러자 이 신부는 웃으면서 "괜찮아, 괜찮아! 너도 앞으로 큰 신부가 되겠어, 나도 너만 할 때는 그런 실수를 많이 했거든, 그러나 지금은 이렇게 훌륭한 신부가 됐잖아." 하며 오히려 아이를 격려해주고 머리를 쓰다듬어 주었다.

그 아이는 자라서 유명한 '풀턴 신' 대주교(Fulton J. Sheen)가 되었다.

그렇다. 긍정적인 생각과 언어는 태도를 바꾸고 삶을 통째로 변화시킨다.

일, 관계, 문제해결에 대해서도 더 적극적이다.

긍정의 말

〈긍정의 힘〉의 저자 조엘 오스틴은 "우리의 말은 꿈을 이루는 데 매우 중요한 역할을 한다. 말에는 엄청난 창조의 힘이 있다."고 말했다. 나는 많은 사람들이 긍정적이고 희망의 말꾼들이 되었으면 하기에 이 글을 정리하였다. 그래서 자기 자신에게 격려와 칭찬에 능숙해져 보다 행복하고 보람된 삶을 누리기를 바란다.

디팩 초프라(Deepak Chopra)는 작가이자 하버드 대학교의 의사이다. 그는 '생각은 뇌에서 생화학적 변화를 일으켜 몸의 면역계에 영향을 미친다. 분노와 냉담함, 증오, 갈등, 침울한 느낌 등이 육체의 면역체계를 약화시킨다면, 행복한 생각은 그것과 정반대로 육체의 저항력을 증가시킨다.'고 말했다. 그의 저서 〈마음의 기적〉에는 긍정적인 말로 암을 치유한 환자의 이야기가 나온다. 한 폐암 환자가 있는데 그는 매일 다음의 말을 반복하였다.

"난 점점 나아져서 결국 완전히 회복될 거야!"

그의 말대로 암이 깨끗이 낫고 회복되었다. 긍정의 말은 우리 몸에 면역력을 높여준다. 믿음으로 긍정의 생각을 갖고 절대 긍정의 언어를 실천해 보자. 긍정의 언어를 반복하면 할수록 내 몸은 건강한 면역력이 분비되어 더욱 튼튼해질 것이다. 긍정의 말은 부작용도 없다.

의사 조병식의 저서 〈기적의 5가지 자연치유법〉에서 소개한 정신요법을 보면, 환자들에게 '마음을 비우고 감사하고 긍정적인 마음을 가져라.'고 하고 있다. 그리고 '사랑한다.', '미안하다.', '용서하세요.', '감사한다.'를 반복하게 한다. 이것이 그의 치료법 중에 하나다.

정화 멘트

'호오포노포노'란 말은 하와이 말로 '바르게 한다.', '오류를 수정하다.'는 뜻이다. 호오(Ho'o)는 하와이 말로 '원인'을, 포노포노(Ponopono)는 '완벽함'을 의미한다. 이는 정화 멘트로 "모든 것은 100% 내 책임이다."라는 전제로 사용한다.

미국의 휴렌 박사가 쓴 호오포노포노의 지혜에서는, 우리가 알게 모르게 하는 반복적인 생각과 행동 때문에 때때로 무언가에 가로막혀 곤란을 겪게 된다고 한다. 모든 원인은 나에게 있고 모든 일은 나로부터 시작된다는 것이다. 결국 '내적 혁명'이 필요하다.

우리 내부의 유독한 에너지를 방출해서 신성한 생각과 말, 행동이 효능을 발휘하도록 하는 것이다. 내 생각이 병들었다면 그 병든 생각이 신체의 질병을 유발하고 그 병든 생각을 교정하는 것은 전적으로 나의 책임이라는 것이다.

휴렌 박사는 '호오포노포노'를 '사랑합니다.', '미안합니다.', '저를 용서해주세요', '감사한다.'라고 마음속에 외치면서 신성한 창조주에게 내가 가진 기억이나 두려움 등의 에너지를 깨끗하게 정화시켜 달라고 청원할 수 있다고 했다. 그렇게 정화되고 나면 마음에 깨끗하게 비워진 공간이 생기고 그 곳을 신성의 지혜로 채워 부유하고 건강하고 평화로워질 수 있다고 하였다. 즉 '미안해요.', '사랑해요.', '용서해 주세요.', '고맙습니다.' 이 네 마디가 당신의 삶을 변화시킨다는 것이다.

긍정의 말을 반복하되 현재형으로 말하자. 나를 소중하게 여기는 마음을 담아 주문을 외우듯 말해 보자.

_____ "사랑한다."

_____ "미안하다."

_____ "고맙습니다."

_____ "용서한다."

_____ "잘했다."

나는 지금 50킬로다. 와 신난다!

나는 적게 먹고 많이 움직인다.

나는 행복하고 안정적이다.

미래형 언어

'아인슈타인 뇌의 비밀'을 밝혀낸 미국의 신경과학자 매리언 다이아몬드(Marian Diamond) 박사는 "부정적인 자극이나 메시지를 계속해서 접하면 두뇌에 미세한 인식의 차이가 발생해 신체의 신호까지 나쁘게 바뀐다."고 지적했다. 또 부정적인 언어에 장시간 노출된 아이들은 학습 능력이 떨어지고 행동이 경망스럽고 성격이 차분하지 못했다. 어른들도 마찬가지다. 부정적인 말을 들으면 작업 능률이 떨어지고 실수가 잦아질 뿐 아니라 의사결정 능력이 떨어지는 등 원인을 알 수 없는 무기력증에 시달렸다고 말한다.

고사성어 '각주구검(刻舟求劍)'의 유래를 보자. '배에다 흠집을 내어 칼을 찾는다.'는 뜻이다.

전국시대 초나라에 한 젊은이가 배를 타고 양자강을 건너다가 강 한복판에서 그만 실수로 손에 들고 있던 소중한 칼을 물에 떨어뜨렸다. 이 청년은 '아뿔싸! 이를 어쩐다.' 하고 외치더니 허둥지둥 단검을 빼들어 칼을 떨어뜨린 지점을 배에 표시했다. 배가 땅에 닿자 옷을 벗어던지고 어리석게도 표시한 배 바닥 쪽을 기점으로 물에 뛰어들었다. 그곳에 칼이 있을 리가 없었다. 배가 움직이는 건 생각도 안 하고 배에 표시를 했기 때문이다.

우리의 언어는 미래 지향적이어야 한다. 과거에 얽매여 집착하게 되면 생산적인 결과를 얻을 수 없다. 과거형 언어에서 미래지향적 언어로 바꿔보자.

점화 효과

점화효과(priming effect)는 시간적으로 먼저 제시된 자극이 나중에 제시된 자극의 처리에 영향을 주는 현상을 나타내는 심리학 용어이다. 먼저 제시된 단어를 점화단어이라고 하고 나중에 제시된 단어를 표적 단어이라고 한다.

예일 대 사회 심리학자인 존 바그(John Bargh)는 실험을 통해 점화 효과를 확인했다. 바그는 대학생 30명에게 5개의 단어 카드를 무작위로 섞어 나누어 준 다음 그 중 4개의 단어를 사용해 문법에 맞는 문장을 만들어 보라고 했다.

한 그룹에게 나누어 준 단어 카드에는 '걱정하는, 낡은, 회색의, 은퇴한, 쭈글쭈글한'과 같은 노화를 연상시키는 단어들이 포함되어 있었다. 또 다른 그룹에는 '목마른, 깨끗한, 예의 바른, 참을성 있는, 다정한, 양보와 봉사'와 같이 노화와는 관계없는 긍정적인 단어들이 포함되어 있었다.

단어 테스트를 마친 뒤, 학생들을 실험실 문을 나와 엘리베이터가 있는 곳까지 걷게 했는데 이때 학생들이 걷는 데 걸리는 시간을 쟀다. 시간을 재어 보니, 노인을 연상시키는 단어들로 문장을 만들었던 그룹의 학생들이 그렇지 않은 학생들보다 평균 15퍼센트 정도 시간이 더 걸렸다. 이것이 바로 바그가 한 실험의 목적이었다. 노화와 관련된 단어에 집중했던 그룹은 마치 자신이 노인이 된 듯 천천히 걸었던 것이다. 이런 효과를 '점화 효과'라고 말한다.

우리 일생에서 점화단어로 소통하고 나누어야 할 이유이다.

우리의 말은 꿈을 이루는 데 매우 중요한 역할을 한다.
말에는 엄청난 창조의 힘이 있다.

〈긍정의 힘〉_조엘 오스틴

06

'네',

언어

억수로 운(運)이 좋은 사람

사실 당신은 억수로 '운(運)이 좋은 사람'이다. 누구나 억수로 좋은 운을 지니고 있기 때문이다. 얼마든지 억수로 '운'이 좋은 인생이 될 수 있다. '경영의 신'이라 불리던 일본 마쓰시타 전기산업(파나소닉)의 창업주 마쓰시타 고노스케도 "나는 운이 좋다고 말하는 사람만을 채용한다."라고 말했다. 그는 신입사원 면접 시 반드시 이런 질문을 했다고 한다.

"당신은 지금껏 인생을 살면서 운이 좋았다고 생각하십니까?"

그들 중 "아니오. 운이 좋았다고 생각하지는 않습니다."라고 말한 사람은 채용하지 않았다. 대신 "운이 좋았다고 생각한다."라고 대답한 사람은 전부 채용했다고 한다. 이유는, 운이 좋은 사람이 회사에 들어와야 잘되기 때문이라고 했다. 그는 절대 긍정의 사람을 선택했다. "난 분명 잘될 거야!", "난 운 좋은 사람이야!"라고 스스로 말한 사람은 모두 채용했다.

그가 말했다.

"운이 좋다고 생각하는 사람들의 마음속에는 '어차피 잘될 거야!'라는 느긋함이 숨어 있다. 그런 사람들은 매사에 감사하며 기쁨과 행복이 항상 찾아온다는 것을 믿는다."

'네',
언어

내게는 강연을 하는 이유가 여러 있지만, 그 중 첫 번째는 '당신도 억수로 좋은 최고의 운을 갖고 있다.'는 사실과 당신도 크게 잘될 사람이라는 소식을 전하고자 함이다.

'네!'라는 대답

'행복한가?'를 물으면, 나는 내가 가르치는 학생이 씩씩한 목소리로 "네!" 하고 대답할 때 행복하다고 말하곤 한다. 필히 수업시간 시작엔 출석을 부른다.

"홍길동님."

"네."

소리가 나는 방향으로 반가움의 미소를 머금고 쳐다본다.

"반가워요, 그리고 감사해요. 만날 수 있어서.", "보고 싶었어요."라고 반응해 준다.

학생들은 각자의 개성이 담긴 목소리로 "네."라고 대답한다. 자신의 존재를 드러내는 큰 소리, 작은 소리, 자신감에 넘치는 소리, 자신감이 없는 소리 등등.

"네." 하는 한마디 대답에도 말하는 사람의 내면이 잘 드러난다. 지금 당신의 존재를 드러내는 "네!" 소리가 듣고 싶다.

이름을 불렀는데도 대답이 없으면 못 들었나 싶어 다시 부른다. 그러고는 더 관심을 갖고 소통을 한다. 아마도 대부분 용기가 없거나, 부끄러워서 그럴 것이다. 나는 그러한 학생에게 더 집중한다. 자신에게 더 관심을 가져다 달라는 의미라고 보기에……. 그리고 좋은 면을 찾아 격려하여 용기를 북돋아주고자 한다.

간혹 내 이름이 불리는 기회가 주어지면 나는 주저 없이 큰 소리로 씩씩하게 "네!" 하고 대답한다. 여러분도 언제든 여러분의 이름을 부르는 소리가 있거든 큰 소리로, 기쁨의 찬 목소리로 "네!" 하고 대답해야 한다.

내 존재를 드러내는 것이기에…….

아침에 깨어 가장 먼저 하는 말

당신은 오늘 아침에 깨어 일어나서 가장 먼저 무슨 말을 했는가?

나는 다음과 같이 말한다.

"나는 행복하다.", "나는 평안하다.", "나는 건강하다.", "나는 복 받았다.", "나는 형통한다.", "나는 감사하다.", "나는 행복하다.", "나는 하는 일마다 잘된다."

당신도 매일 아침 이렇게 긍정의 말을 하면, 큰 힘을 가진 말이 인생을 그렇게 몰아가고, 상황과 환경은 내뱉은 말대로 이루어지게 된다.

우리의 삶은 우리 생각과 언어로 만들어간다. 그러므로 인생을 팔자로 생각하지 말고 인생에 있어서 무엇이든지 긍정적으로 생각하고 이루어진 모습을 꿈꾸고 그것을 언어로 표현하면 큰 힘을 가진 말은 여러분 삶에 그대로 이루어지게 된다.

주목하자. 아침에 깨어 가장 먼저 한 말이 오늘 하루의 삶을 통째로 이끌어 간다.

3박자의 말

긍정적인 3박자 말은 "할 수 있다. 하면 된다. 해보자."이다. 항상 긍정적으로 생각하고 가능성을 꿈꾸며 단호하게, 백 번이고 천 번이고 만 번이고 긍정의 말을 하자. 그 말을 통해 큰 변화가 일어난다. 성공한 사람들과 재벌이 된 사람들을 만나보면 절대로 부정적인 말을 하지 않는다.

'못 한다. 안 된다. 할 수 없다.'는 말을 절대로 안 한다. 언제나 '잘됐다. 성공했다. 축복받았다.'고 말한다.

긍정심리학의 체계를 세운 마틴 셀리그만(Martin Seligman) 박사는 언어 습관과 우울증에 대해서 연구를 했다. 그 결과 우울증에 걸린 사람들은 3박자의 부정의 말을 한다.

"잘못했다.", "나쁘다.", "아프다."와 같은 부정적인 언어습관을 갖고 있었다. 그는 "인생에서 능력이나 재능보다도 중요한 것은 긍정적인 언어습관이다."라고 말했다. 특별히 재능이 없더라도 말을 긍정적으로 하는 사람은 큰일을 이룰 수 있다. 그러나 아무리 능력이 있고 재능이 있는 사람이라도 말이 부정적이고 경솔하면 그 사람은 큰일을 할 수 없다.

핸들처럼

미국의 작가 헤럴드 셔먼(Harold Sherman)은 〈바꿔볼 만한 인생〉이란 그의 책에서 이렇게 말했다.

"불행한 일을 당했음에도 성공한 사람들은 긍정적인 말로써 운명을 좋은 방향으로 바꾼다."

성공한 사람들도 좋은 일만 일어나는 것이 아니라 불행한 일도 많이 일어난다. 성공했다고 해서 좋은 일만 다가오는 것은 아니다. 그런데 어떻게 어려운 생활을 극복했느냐고 물으면, 긍정적인 말을 해서 어려움을 극복하고 성공을 이루어낸다고 말한다.

말이 우리의 운명과 환경을 바꿔 놓는다. 이를 테면 '나는 이래도

'네',
언어

괜찮다.', '나는 성공한다.', '나는 이길 것이다.'라고 말하면 불행을 극복할 수 있는 것이다. 그러나 '나는 못 한다.', '안 된다.', '할 수 없다.', '실패한다.', '패배한다.'라고 말하면 좋은 환경도 나빠지고 마침내 패배하고 마는 것이다.

상황이 좋지 않고 형편이 나쁠지라도 우리가 긍정적인 말로 "잘된다.", "앞으로 점점 좋아질 것이다.", "할 수 있다. 하면 된다. 해보자."와 같이 말할 때, 그 말은 그대로 우리 삶 가운데 이루어지는 것이다. 왜냐하면 말의 능력이 그 말 뒤에 따라가기 때문인 것이다. 마치 핸들처럼 돌리는 대로 돌아간다.

사실 "당신 참 좋은 사람이다."라는 말은 간단한 것 같지만, 상대에게 큰 힘과 위로와 꿈을 준다. 이렇게 간단한 말로 우리가 상대방을 위로할 수 있는 말들은 무수히 많다.

"수고했어요!"라는 말은 온갖 피로를 다 씻어준다.
"잘했어요!"라는 말은 상대방에게 큰 용기를 준다.
"고마워요!"라는 말은 새 힘을 준다.
"사랑해요!"라는 말은 더욱 큰 소망을 준다.

우리가 이런 말을 할 때는 우리 자신도 역시 동일한 기쁨과 위로를 얻게 되는 것이다. 행복하고 성공적인 인생을 원한다면 먼저 우리의

말부터 바꾸어야 한다. 불행하더라도 슬프더라도 '나는 행복하다.',
'나는 기쁘다.'라고 말하면 그 말이 분위기를 그대로 바꿔 놓는 것이다.

07

흥하는

천금

말씨

굿 뉴스는 누구라도 자진해서

'나는 된다.', '나는 운이 좋다.',

'나는 할 수 있다.'는

예감을 달고 다니자.

정병태

굿 뉴스는 누구라도 자진해서 서로 전하고 싶어 한다. 전하는 사람이나 듣는 사람 모두 기뻐하기 때문이다. 고대 그리스 3대 비극시인 중 한 사람인 소포클레스도 그의 작품 〈오이디푸스의 왕〉에서 "안 좋은 소식을 가지고 오는 사람을 좋아할 사람은 없다."고 말했다.

영어 속담에는 "왕의 메시지를 전달하는 사자(使者)를 쏘지 말라."는 말이 있다. 사자는 자신의 역할을 충실히 수행만 하면 된다.

여러분께 좋은 뉴스를 전한다.

'당신, 밤새 돈을 세다 잠들게 하소서!', '큰 부자가 될 것이다.', '곧 백만장자가 될 운명이다.', '120세까지 건강하게 산다.', '당신 얼굴도, 피부도, 그리고 마음도 뷰티풀하다.', '좋은 성품을 가졌다.', '당신은 참 멋진 리더다!', '당신은 정말 잘될 것이다.', '당신이 함께 있으면 큰 힘이 되오.'

이런 말들을 들으면 힘이 난다. 진심 어린 마음이 깔려 있기에. 이러한 생생한 말을 상대에게 들려주어야 기운을 북돋아 의욕에 불이 붙게 된다.

언어의 항아리

우리의 마음은 언어를 담는 그릇이다. 마음에 가득한 것이 입으로 말해지는 것이기 때문이다. 이 가르침은 성경 〈누가복음 6장 45절〉에 서도 알려주고 있다.

"선한 사람은 그 마음속에 갈무리해 놓은 선 더미에서 선한 것을 내고, 악한 사람은 그 마음속에 갈무리해 놓은 악 더미에서 악한 것을 낸다. 마음에 가득 찬 것을 입으로 말하는 법이다.(새번역)"

우리의 마음에는 언어를 담는 큰 항아리를 갖고 있다. 이 항아리에는 내가 사용할 언어가 담겨 있다. 어떤 언어를 담느냐에 따라 우리의 미래가 결정되고 스펙트럼의 크기도 달라진다.

우리 삶의 가치는 이 마음의 항아리에 무엇을 담느냐가 가장 중요하다. 상처를 주거나 비난하는 말, 기분을 상하거나 고립시키는 말을 담고 있다면 꺼내 버려야 한다. 이를테면 다음과 같은 말이다.

"네가 하는 게 그렇지 뭐."

"일을 몇 번이나 가르쳐 줘야 알아듣겠어?"

"됐고! 다른 사람이 하게 해!"

"앞으로는 그냥 시키는 일만 잘해."

"일을 이렇게밖에 못 하니?"

"내가 미쳤지, 너를 채용하다니."

"나니까 봐 주는 거야."

"어떡하냐?"

"대화가 안 된다."

　오물을 담은 항아리는 아무런 가치를 발휘할 수 없다. 그러나 금을 담은 항아리의 가치는 환경을 바꿀 수 있다.

　우리 마음의 항아리에 담겨져 있는 언어들을 적재적소(適材適所)에 쓰이도록 잘 선택해야 한다. 말의 가치를 아는 사람은 언어를 함부로 사용하지 않는다. 언어를 다스릴 줄 알기에 아주 중요한 말, 필요한 말, 그리고 미래의 삶 속에 유익하게 이루어질 말만 사용한다.

　마음의 항아리에 담겨져 있는 것을 꺼내어 던져 보자. 그대로 도로 자신이 받게 된다. 감사하는 말을 하면 감사하는 환경을 거두게 된다. 칭찬하면 칭찬을, 축복을 말하면 축복을 거두어들인다. 그러므로 우리는 사람들과 대화에서 긍정과 배려의 말을 사용해야 한다.

　"당신, 참 좋다."

흥하는
천금 말씨

"어쩌면 그렇게 말을 예쁘게 잘하세요."

"옆에 있어줘서 고마워요."

"생각을 듣고 감격했다."

"당신은 훌륭한 사람입니다."

"당신의 꿈은 반드시 이루어질 것이다."

"당신과 함께 일하고 싶어요."

"늘 긍정적이고 웃는 얼굴이세요."

힘이 되는 말

말은 오묘하고 자석처럼 끌려오게 만든다. 때론 닫힌 문을 열게 하며 기운을 전하여 힘을 내게도 한다. 가슴속 깊은 곳을 파고들어 고착된 것을 완화시킨다. 그리고 내 입으로 한 말이 그대로 현실이 되는 놀라운 힘을 갖고 있다.

이 책의 목적은 진심 어린 격려와 기분 좋게 하는 능력을 키워주고자 함이다. 자아 확립과 삶의 활력을 불어넣어 주고자 함이다.

상대방의 존재가 큰 힘이 되고 소중하다는 표현을 해보자. 이를 테면 "당신의 말에 큰 깨달음을 얻었습니다.", "당신 생각을 듣고 새로운 사실을 알게 되었습니다.", "당신 생각에 공감해요."와 같은 말이다.

현재 노력에 대해 인정해주는 말을 하자. "결과가 굉장한걸?", "열심히 했네요.", "성과가 매우 좋습니다."

그렇다. 결과, 행동, 그리고 현재의 존재를 인정해 주는 말은 위대한 힘이 된다.

유대인 부모는 자녀가 실수나 잘못을 저질러도 절대 질책하지 않는다. 어떤 상황에서든 칭찬과 격려를 아끼지 않는다. 그래서 유대인 아이들은 기가 팔팔하다. 자기주장을 적극적으로 말할 줄 알고 모르는 것이 생기면 서슴없이 질문을 던진다.

"잘했어!", "역시 너는 해낼 줄 알았어!", "대단하다!", "모든 면에서 점점 좋아지고 있어."

기운을 불어넣어주는 격려의 말	안도감을 주는 보호의 말
함께 힘내자. 너라면 잘할 수 있어. 마음껏 즐기고 와. 네가 주인공이야.	모두 함께 응원할게. 도착하는 곳에서 기다릴게. 무슨 일이 있으면 도와주러 갈게. 끝나면 내가 한턱 쏠게. 네가 주인공이야.

힘을 빼는 말

"해야 한다."라고 말할 때마다 힘이 빠진다. "할 수 없다."라는 말은 힘을 빼는 말이다. 그러나 힘이 되는 말은 "할 수 있다."이다.

다음은 부정적인 말들이다.

"넌 없어도 돼. 무슨 생각해. 넌 못 해, 그러니 그만둬. 언제 할래? 가르쳐 주었는데 왜 몰라? 꾸물거리지 말고 해. 결과가 도대체 왜 이래? 이런 것 하나도 제대로 못 하는구나."

부정적인 말은 상대방의 의욕을 꺾어버린다. 때론 부정적 한마디가 깊은 상처를 주기도 한다. 의욕을 잃어 활기 있게 생활을 할 수 없게 한다.

입이 험한 사람들은 종종 부정적인 말을 사용한다.

사람은 어떤 말을 듣느냐에 따라 결과도 달라진다. 희망과 긍정적인 말 한마디는 더 큰 가능성을 불러 온다. 말 덕분에 가능성을 믿고 힘을 냈기 때문이다. 사람은 누구를 만나서 어떤 말을 듣느냐에 따라 삶이 달라진다.

눈높이 언어

"생각도 언어고 태도도 언어다."

정병태

다음은 한 제자가 내게 한 말이다.

"저는 천만 원을 내고라도 교수님의 수업을 듣겠습니다."

지금까지 숱한 글을 쓰고 강의와 강연을 했다. 즉 참 많은 말을 했다는 의미다. 다시 한 번 이런 바람을 가져본다. 내가 쏟아내는 말의 단 한 마디라도 그대의 가슴에 가 닿기를…….

구상 시인의 시 〈꽃자리〉를 당신과 나누고 싶어 옮겨 봤다.

반갑고

고맙고

기쁘다

앉은 자리가

꽃자리니라

나의 잘못된 습관이 사람들을 낙심과 절망으로 빠트리는 경우가 비일비재하다는 것을 알아야 한다. 지금 내가 쓰는 언어가 얼마나 적절하지 않고 무자비한지를 알아야 한다. 사회에서는 이것을 언어 폭력이라고 한다. 사실 이 글을 쓰는 근본적 이유는 우리가 조심성 없이 사용하는 언어습관을 조금이라도 희망의 언어로 바꾸어지기를 바라는 마음에서이다.

흥하는
천금 말씨

역지사지

그리스 대철학자 소크라테스에게 하루는 어떤 사람이 찾아와 물었다.
"어떻게 하면 말을 잘할 수 있습니까?"
소크라테스가 말했다.
"말을 잘하는 최고의 비결은 그 사람의 언어로 말하는 것이다."

참으로 명답이다. 내 언어로만 말하면 소통이 어렵다. 항상 상대방의 인품 언어를 찾아서 그 사람의 언어로 말해야 호감을 얻고 소통이 잘된다. 이를 중국의 사상가 공자는 '역지사지(易地思之)'라고 하였다. 실제 생활 속에서도 이 소통의 원리는 유효하게 작용한다.
다음은 H.W. 롱펠로의 시구를 읽고 느껴보자.

"바다에는 진주가 있고, 하늘에는 별이 있다. 그러나 내 마음, 내 마음, 내 마음에는 사랑이 있다.", "말은 흘러가는 것이 아니라 상대의 가슴에 수십 년간 화살처럼 꽂혀 있는 것이다."

우리의 입에서 내뱉어진 언어는 가슴속에 쌓인다. 언어는 흘러가는 것이 아니라 쌓이는 것이다. 그래서 언어를 사용할 때 조심해야 한다. 마음을 상하게 하는 언어는 가슴속에 깊이 쌓이게 된다.

쌓이는 언어

우리는 깨어 있는 시간의 90%를 생활 언어를 구사하며 보낸다. 하지만 우리가 90%의 시간을 보내는 언어에 대해 공부하는 사람은 거의 없다.

그 옛날 실크로드의 상권을 지배했던, 세계에서 가장 강인한 상인으로 알려진 소그드 상인(Sogdiana merchants)은 한 푼의 이익을 가지고도 서로 다투며, 이익이 나는 장사라면 가지 않는 곳이 없을 정도로 투철하고 강인한 상인정신을 가졌다. 그런데 그들이 세계적인 상인정신을 가질 수 있었던 것은 바로 언어 교육에 있었다. 그들은 아이들이 태어나면 곧바로 달콤한 언어를 구사하도록 입에 꿀을 발라 주었다고 한다.

이제 알았다. 달콤한 언어 구사는 그냥 우연히 갖추어지는 것이 아니라 고된 훈련을 통해 이루어지는 것이다. 빨려드는 언어는 학습된 결과이다. 누구든 언어력을 갖추면 성공을 가져올 수 있다.

미국의 강철 왕 카네기는 어렸을 때 소문난 말썽꾸러기였다. 아버지는 카네기에게 막말을 서슴지 않았다. 하지만 새어머니는 미소를 지으며 카네기에게 "너는 가장 똑똑한 아이"라고 말해주며 키웠다. 새어머니의 이 말 한마디는 어린 카네기의 마음을 따뜻하게 해 주었다. 새어머니의 따뜻한 말 한마디는 오랫동안 카네기에게 붙어 다니

흥하는
천금 말씨

던 말썽꾸러기라는 꼬리표를 떼기에 충분했다. 그리고 그는 미국의 강철 왕으로 부자가 되었다.

호통치고 부추기는 언어

4세기 이집트의 수도승들 가운데 하나인 심리학자 에바그리우스 폰티쿠스(Evagrius Ponticus)는 온갖 나쁜 생각을 우리 마음에서 억지로라도 솎아 내고 좋은 생각으로 바꿔 한다고 말했다. 만사가 늘 좋은 쪽으로만 흐르는 것은 아니다. 하지만 강한 의지를 가지고 부정적 성품을 긍정적 성품으로 바꾸려고 연습하지 않으면, 좋은 생각을 지니고서도 허물어지기 일쑤다.

나의 대처법을 설명하겠다. 꼭 써 보기 바란다. 나쁜 생각이 들어오면, 분노나 미움의 감정이 떠오르면 잠시 여유를 갖고 있다가 그 나쁜 생각들에게 힘껏 호통 치는 것이다. 좋은 생각을 품고 그 생각을 외치자. 꼭 잊지 말고.

우울함으로 주저앉은 사람들을 긍정적인 말로 이리저리 들쑤셔서 활력 있게 일하도록 부추겨야 한다. 나쁜 생각으로 나의 의지를 비틀게 하고 구기었던 삿된 생각들을 향해 맞서 부추겨야 한다. 그 한마디에 나쁜 생각들은 나가떨어지고 만다.

우리에게도 이러한 나쁜 생각들이 끊임없이 들이닥친다는 걸 마음에 두고 좋은 마음의 위력을 조금씩 조금씩 발휘해야 한다. 고약한 생각들과 대면하여 맞서기 위해서는 용기와 위트가 필요하다. 나쁜 생각이 든다고 자신을 단죄해서는 안 된다. 그저 가벼운 마음으로, 좋은 생각을 품으면 된다.

쓰러져야 한다

E.리스는 다음의 말을 남겼다.

"말도 아름다운 꽃처럼 그 색깔을 지니고 있다."

에머슨은 "말도 행동이고 행동도 말의 일종이다."라고 말했다. 아메리카 인디언들은 어떤 말을 만 번 이상 되풀이하면 그 일은 반드시 이뤄진다고 믿는다. 우리 속담에도 좋은 글귀가 있다.

"말이 씨가 된다."

내가 말과 관련되어 알고 있는 최고의 이야기이다.

남태평양의 한 섬에 사는 어느 부족은 쓸모없는 나무를 제거해야 할 때면 온 부족민들이 모여 그 나무를 향해 소리를 지른다고 한다.

"넌 필요 없는 나무야!", "넌 아무 가치가 없어!"

흥하는
천금 말씨

도끼나 톱으로 자르는 대신 계속하여 큰 소리로 "쓰러져라, 쓰려져라!" 하고 외치면 얼마 안 가 나무가 시들어 죽는다는 것이다. 이렇듯 말에는 센 힘이 있다. 그러니 우리는 수시로 내 곁에 있는 사람들에게 긍정의 말을 사용해야 한다. 긍정적인 말을 하는 것은 상대를 살리는 일이다.

언어치료

서양의학의 선구자 히포크라테스(Hippocrates)는 일찍이 언어의 힘을 간파하고 이렇게 말했다.

"의사에게는 세 가지 무기가 있다. 그 첫째는 말이고, 둘째는 메스고, 셋째는 약이다."

즉 메스나 약보다 더 강력한 치유 효과를 지닌 것이 말이라는 의미이다.

심리학자이자 정신과 의사인 지그문트 프로이트(Sigmund Freud)도 "말은 한때 마술이었다."라고 말했다. 내가 어떤 말을 쓰느냐에 따라 그대로 이루어진다는 것이다.

사람은 입에서 나오는 말로 말미암아 존재하며 죽고 사는 것이 혀에 달려 있다. 과학에서는 말이 에너지 파동으로 구성되어 빛보다 더 빠르고 그 효과가 광범위하다고 말한다. 시공을 초월하는 위력을 갖고 있는 것이다. 공자는 "좋은 말로 꾸며 다른 사람을 기쁘게 하는 자"가 어진 사람이라고 말했다.

말의 위력

당신의 평생에 잊을 수 없는 한마디는 무엇인가?
지금까지 들어본 말 중 가장 기쁘고 의욕이 생겼던 말은 무엇인가?
보통은 "고마워.", "고맙습니다."가 최고의 말이라고 한다.
최고의 말들을 함께 나눠 보자.

"함께 해줘서 고마워."
"정말 고맙습니다."
"고맙습니다. 그렇게 말해 주시니 힘이 납니다."
"인정해 주시고 좋게 봐주시니, 고맙습니다."
"즐기고 오라고 하시니, 정말 감동입니다. 고맙습니다."

발명가 토마스 에디슨(Thomas Alva Edison)은 어린 시절 학교생활에 적응하지 못하기로 유명했다. 담임교사는 물론 교장까지 그의 어머

흥하는
천금 말씨

니를 불러다가 이 아이는 우리 학교에서 가르칠 수 없다며 데려 가라고 했다. 에디슨의 어머니는 다음과 같이 말했다.

"우리 애는 다른 애들보다 훨씬 IQ가 높고 머리가 좋은 애입니다. 다른 애들이 다 모자라니까 우리 애가 같이 있을 수 없을 따름입니다. 좋습니다. 제가 교육하지요."

그렇게 학교를 중퇴하고 나온 에디슨에게 그의 어머니는 '너는 할 수 있다. 너는 된다. 해 보자.' 하고 격려했고 그 어머니의 태도가 오늘날 발명왕 에디슨을 있게 한 것이다.

우리는 날마다 인생이라는 밭에 "말"이라는 씨를 심고 있다. 오늘 내 입을 통해서 나온 말은 바로 씨앗이 되고 열매를 맺게 된다. 긍정적인 말을 심으면 아름다운 열매를, 부정적인 말을 심으면 볼품없고 쓸모없는 열매를 수확하게 된다.

아래의 문장을 따라 말하고 필사하길 바란다. 말은 현재를 말하는 것이 아니라 장차 바라보는 것을 현재처럼 말하는 것이다. 날마다 각 10번씩 큰 소리로 말해보자.

"나는 나았다.", "나는 건강하다.", "나는 치료받았다.",
"나는 행복하다."
"나는 기쁘다.", "나는 즐겁다." "나는 이긴다."
"나는 회복되었다."

상대방의 감정을 인정해 주는 말

상대방의 감정이나 상황을 있는 그대로 받아들이고 공감해 주는 것은 무척 중요하다. 실수할까 봐 긴장하고 있는 사람에게 "괜찮아요. 처음엔 다 그래요.", "저도 처음에 그랬거든요. 누구든지 그래요." 하고 말해보자.

그렇다. 상대방의 감정에 다가가는 말을 건네면 상대방은 자신에게 공감해준다고 느끼게 된다. 이로써 신뢰가 쌓여 마음의 문을 열게 된다. 그리고 주의하여 부정적인 문장이나 어휘를 사용하지 않아야 한다. 부정적인 말은 상대방의 부담감을 느껴서 의도와는 달리 불안, 걱정, 긴장으로 마음 상태가 위축될 수 있다.

08

긍정의

어휘

사용하기

호모 로쿠엔스

현재 지구상에는 6,000가지 이상의 언어가 존재한다. 이 중에 100만 명 이상이 사용하는 언어만 해도 무려 250개나 된다. 언어가 다르면 서로를 이해하기 힘들어지고, 여러 가지 오해와 갈등이 생기는가 하면 극단적인 경우에는 전쟁이 일어나기도 한다.

인간은 라틴어로 '호모 로쿠엔스(homo loquens)', 즉 '언어를 사용하는 인간'이라는 뜻이다. 인간만이 다른 피조물들과 달리 말하는 능력을 가지고 있기 때문이다. 세계적 인문학자 스티븐 핑커(Steven Pinker)는 사람의 언어본능은 후천적인 것이 아닌 원초적 본능이라고 했다. 동물은 아무리 지능이 높아도 언어적 능력은 없다. 하지만 사람만이 가장 탁월하게 언어를 한다는 사실이다. 인간은 언어를 할 수 있을 뿐 아니라 표현과 대화를 한다.

언어는 우리 삶의 거의 모든 영역과 관련돼 있다. 탈무드에도 "남의 입에서 나오는 말보다 자기 입에서 나오는 말을 잘 들어라", "말이 입안에 있으면 내가 말을 지배하지만, 내 입에서 말이 밖으로 나가면 그 말이 나를 지배하기 시작한다."는 교훈이 있다. 또한 심리학자들의 수많은 연구에 의하면 "우리의 언어생활은 인생의 3분의 2를 점령하고 있다."라고 말한다.

긍정의 습관으로 긍정의 언어생활을 갖자. 그 대표적인 말은 다음과 같다.

- 사랑한다.
- 당신은 할 수 있다.
- 감사한다.
- 당신이 자랑스럽습니다.
- 죄송하다.
- 당신을 존중한다.
- 아주 좋습니다.

말조심

당나라의 풍도(馮道, 882~954)는 뛰어난 정치가이다. 임기응변이 뛰어나 처세술의 달인이라 불리기도 했다. 그가 사신으로 요나라에 갔을 때 요의 태종에게 "저는 재주도 덕도 없는 멍청한 늙은이입니다!"라고 말했던 일화는 유명하다.

후당(後唐) 시절 풍도(馮道)는 재상에 올라 무려 열한 명의 임금을 모셨다. 그는 설시(舌詩)로 처세술을 말했다.

"입은 화를 부르는 문이요, 혀는 제 몸을 베는 칼이니, 입을 닫고 혀를 깊이 감추면 어디 있든 몸이 안전하리라."

즉 언행에 신중하라는 교훈이다.

우리도 말조심을 하자. 특히 가족 간, 직장 생활에서 말하기 전에 조심스럽게 언어를 사용해야 한다. 부단히 친절한 언어로 소통하자. 우리 옛 속담에 "가는 말이 고와야 오는 말이 곱다."라는 말이 있다.

친절하고 바른 언어가 곧 훌륭한 성품이라는 의미다.

다음의 좋은 명언들을 읽고 쓰며 마음 깊이 되새겨 보자. 그리고 많이 듣고 수시로 사용해야 나의 언어가 된다.

"따뜻한 말 한마디가 삼 개월의 추위를 녹인다."

-우리 속담

"무심코 던진 말 한마디가 마음에 깊은 상처를 남기기도 한다.
반대로 친절한 말은 쉽고 짧지만 그 메아리는 끝없이 울려 퍼진다."

-테레사 수녀

"아름다운 입술을 갖고 싶으면 친절한 말을 하라."

-오드리 햅번

"다정하고 조용한 말은 힘이 있다."

-R.W. 에머슨

긍정의 어휘
사용하기

"말이 입힌 상처는 칼이 입힌 상처보다 깊다."

-모로코 속담

언어 습관

"○○만은 아끼지 말아야 한다."

○○ 안에 들어갈 말이 무엇일까? 한 푼의 비용도 들어가지 않는데, 참 인색하다. 정답은 〈칭찬〉이다. 다음으로, 이 세상에서 가장 위력적이고 감동적인 말은 무엇일까? 정답은 바로 "사랑한다. 고맙습니다. 감사하다."이다.

과거의 나는 말을 하찮은 것으로 여겼다. 그래서 "안 된다. 못 한다. 부족하다. 능력 없다. 후회된다. 실패하다. 불가능하다. 불안하다."라고 생각했던 무척 부정적인 사람이었다. 그러나 언어의 위대함을 깨닫고 나의 언어생활에 적용하였다. 그리고 내 인생은 확 바뀌었다. 활활 불타오르는, 식을 줄 모르는 열정적인 삶으로, 삶의 방향이 분명해졌다. 그리고 지금은 소통을 가르치는 교수가 되었다.

우리 언어습관을 보면 흔히들 다음과 같은 말을 입에 달고 있다.

"~ 죽겠다.", "~ 미치겠네."

두 개를 합성하면, "미쳐 죽겠네."이다.

우리는 아무렇지도 않게 일상생활에서 이처럼 패배적인 언어를 쉽게 사용한다. 또 "배불러 죽겠네. 배고파 죽겠네. 더워서 죽겠네. 추워서 죽겠네." 등의 말을 너무 쉽게 내뱉는다. 그런데 놀랍게도 언어대로 "죽겠다."고 하면, 죽여주겠다는 말의 원리가 적용된다.

"안 된다."고 하면, 정말 안 되게 하는 원리가, "아프다."고 하면, 아프게 하는 원리가 그대로 적용된다. "속상해 죽겠네."라고 하면 내 환경이 속상하여 죽게 한다는 것이다. 따라서 이제 언어습관의 위력을 깨달았으니

"~죽겠다.", "~안 된다."라는 부정적인 말의 사용을 자제하도록 하고 대신 생산적이고 창조적이며 성공케 하는 언어를 사용해야 한다.

긍정적인 생각은 습관적으로 내뱉는 언어에 의해 형성된다. 평소 하는 말을 긍정적으로 바꾸면 생각 역시 긍정적으로 변화한다. 다음은 윤석금 웅진그룹 회장의 신조다.

"나는 긍정적인 사람으로 마음이 병들지 않도록 할 것이며 남을 미워하거나 시기하거나 질투하지 않을 것이다."

미안해, 여보!

인간 생활의 모든 모순을 해결하고,

인간에게 최고의 행복을 주는 감정을 사람들은 알고 있다.

이 감정은 바로 사랑이다.

-톨스토이

우리 삶의 근본을 변화시키는 것은 바로 언어다.

80년간 금슬 좋은 부부로 결혼생활을 지켜옴으로써, 2005년 '세계 최장 행복한 결혼생활 커플'로 기네스북에 올랐던 영국의 애로우 스미스 부부가 있다. 성공적인 결혼생활의 비결을 묻는 질문에 아내인 스미스 부인은 "특별한 비결은 없습니다. 그저 우리 부부는 서로 '미안해, 여보!'라는 언어를 참 잘합니다. 그러면 서로 '그래요, 여보.' 하며 잘 받아줍니다."라고 대답했다.

즉 "미안해. 여보!", "그래. 여보."라는 그 짧은 말이 그들을 80년 동안 행복하게 만들었다는 것이다. 이들 부부는 서로 '미안해.'라는 말을 자주하고 상대방도 말을 들은 즉시 '그래.'라며 받아준다고 한다.

"미안합니다."라는 말은 짧은 언어이지만 그리 하기 쉬운 말은 아니다. 특히 가까운 관계에서는 더 사용하기가 어렵다. 그러나 용기를 내어 누구든 먼저 미안하다고 말할 때 그곳엔 화목이 넘치게 된다. 종종 잘못한 일이 있어도 미안하다는 말 대신 상대방이 알아서 이해해주기를 바란다.

우리 앞으로는 이렇게 표현하자.

"미안해.", "사랑해."

이는 묘목에 물주기와 같은 것이다.

'미안해', '사랑해'라는 언어는 담아두고 저축하는 것이 아니라 자꾸 표현되어 낭비할수록 좋다. 소소한 것에도 상대가 언짢아한다면 '미안해.', 고마운 마음이 들 때마다 '사랑해.'라고 표현해야 한다. 불친절한 말, 상처를 준 말을 한 상대방에게는 "미안해." 하고 사과하도록 하자. 그리고 "앞으로는 좋은 말만 쓸 거야." 하고 결심하자.

말은 곧 씨앗이다. 솔로몬 왕은 "죽고 사는 것이 혀의 힘에 달렸나니 혀를 쓰기 좋아하는 자는 혀의 열매를 먹으리라."는 위대한 말을 남겼다.

즐거운 대화

긍정의 언어가 좋다는 걸 알면서도 실제로 낯간지럽고 갑자기 바뀐 말투 때문에 주변 사람들이 이상하게 볼까 봐 쉽게 긍정의 말을 사용하지 못한다. 하루아침에 바꿀 수는 없지만 그래도 긍정의 언어를 사용하려고 애써야 한다. 의식적으로 긍정의 언어로 대화를 시작해야 한다. 절대 긍정의 말은 우리의 뇌를 춤추게 한다.

오늘 대화에서 어떤 말이 가장 기뻤는가?

오늘 어떤 말이 가장 듣고 싶었는가?

"사랑해.", "고마워.", "감사해요.", "내가 옆에서 응원하는 거 알지?"

이와 같은 사랑스럽고 즐거운 대화는 우리 몸에서 행복 호르몬이라 불리는 옥시토신 분비를 돕는다. 사랑과 행복을 표현할 때 옥시토신을 더 많이 분비시켜 준다. 대신 부정적인 말투는 해로운 호르몬 코르티솔의 분비를 촉진시킨다.

언어의 핸들

자동차에는 핸들이 있고 배에는 키가 있다. 그리고 비행기에는 조정관이 있어 방향을 조종할 수 있다. 또한 타는 말에는 재갈이 있다. 이것들은 모두 운전을 하며 원하는 방향으로 바꿀 수 있다.

우리의 인생에도 방향키가 있다. 인생의 핸들, 키는 바로 '언어'다. 오른쪽이든, 왼쪽이든, 핸들을 돌려 방향을 바꿀 수 있다. 건강으로, 행복으로, 성공으로, 좋은 쪽으로, 핸들을 돌릴 수 있다.

핸들을 오른쪽으로 돌리면 큰 배가, 하늘을 나는 비행기가 오른쪽으로 돌아간다. 왼쪽으로 핸들을 돌리면 왼쪽으로 돌아간다.

우리가 하는 말은 핸들 같아서 우리 인생의 방향을 결정한다. 그리고 인생의 방향을 바꾸고 싶다면 말을 바꾸면 된다.

당신의 인생을 어느 방향을 향하게 하고 있는가? 핸들을 돌리는 쪽으로 돌아간다. 행복하고 싶은 쪽, 아니면 불행하고 싶은 쪽, 그쪽으로 핸들을 돌려보자. 우리 인생도 원하는 쪽으로 돌아간다.

지금 언어의 핸들을 돌리자. 아무리 큰 몸통일지라도, 빨리 달리는 말일지라도 돌리는 쪽으로 방향으로 바꿔준다.

그럼 이제 언어의 핸들을 돌려보자.

"나는 부자가 될 것이다."라는 쪽으로 핸들을 돌리자.

"계획대로 성과를 낼 것이다."라는 쪽으로 핸들을 힘껏 돌리자.

"우리는 가족이 있어 행복하다."라는 쪽으로 핸들을 돌리자.

"나는 건강하다."라는 쪽으로 핸들을 돌리자.

당신의 가정과 회사가 어떻게 되기를 원하는가? 원하는 방향으로 돌리자.

언어의 핸들을 돌리면 돌아간다. 이제 실제 생활에서 언어의 핸들을 적용하여 큰 성과와 기적을 누리길 바란다.

오염된 언어

고백한다. 그동안 나는 왜곡되고 변질된 단어들을 많이 사용해 왔

긍정의 어휘
사용하기

음을. 그리하여 그 오염된 언어를 바로잡고자 이 글을 정리했다. 일찍이 "말하는 대로 행해야 한다."는 철학을 가지고 살고자 했지만 많은 부분을 말하는 대로 행동하지 못했다. 말의 위력을 알면서도, 언어로 무시하거나 굴욕을 주었다.

말(word)을 뜻하는 히브리어 '다바르'는 '사건(event)'이라는 뜻도 갖고 있다.

우리가 하는 말이 종국에는 사건이 된다는 것이다. 우리가 사용하는 언어들이 우리가 어떤 사람이 되고 어떻게 처신하느냐에 얼마나 큰 영향을 끼치는지를 깨닫게 되어 너무 기쁘다. 그리고 나의 언어가 뼈 속 깊숙이 오염되어 있음에도 어떠한 처방에도 노력하지 않고 있음을 상당히 우려하고 있다. 나는 이 글을 정리하면서까지 오염된 언어를 그대로 사용하고 있다. 그렇다 보니 언어로 표현할 수 있는 능력이 제한되어 있다.

결심한다. 언어의 품격을 높이기 위해서 고상한 언어들을 읽고 귀 기울여 듣겠다. 생기를 주며 활력을 불어넣어주는 언어를 꾹꾹 눌러 쓰겠다.

언어는 진심을 담아 명료하고 정확하고 투명하게 사용해야 한다. 그런데 언어의 품격이 발휘되는 것은 쉽게 접할 수 없었다. 언어 구사 능력이 실종되었다. 오염된 언어가 세상에 가득 차 있다.

이 책을 정리하는 것도 나부터 오염된 언어를 회복하고자 함이다. 그래서 오염된 언어를 회복하려고 적절한 어휘들을 사용하려고 부단히 노력하고 있다. 정말 친절한 말, 따뜻한 말 그리고 소중히 여기는 말을 사용하려고 한다. 사람들을 격려하는 말을 입에 달고 살자고 해 놓고도 돌아서면 다시 품격이 떨어지는 언어를 사용한다. 사람의 감정을 상하게 하는 말을 수시로 사용한다.

그렇다. 나의 친절한 말 한마디가 좋은 성품을 지닌 사람을 만든다. 이 시간 기도한다. 아름다운 말 한마디를 할 수 있는 지혜를 달라고 말이다.

공감인지능력 키우기

요즘에 특히 소통에 어려움을 겪는 사람들이 많은데, 문제요인은 바로 '공감인지능력(Empathy)'이 매우 떨어졌기 때문이다. 공감인지능력은 다른 사람의 감정을 이해하고 배려할 줄 아는 능력으로, 정서적인 갈등을 피하고 상대방에게 상처 주는 행동을 하지 않도록 하는 성품이다.

고통과 기쁨, 아픔과 슬픔에 공감하는 능력, 즉 다른 사람과 정서적으로 교감할 수 있는 능력을 갖춘 성품이다.

사실 친밀한 감정으로 서로 교감하는 것을 배운 사람들이 그리 많지 않다. 특히 기성세대들은 말이다. 이들은 감정을 억압하는 말을 들으며 자랐다.

공간인지능력을 계발하기 위해서는 먼저 상대의 감정을 잘 들어주어야 한다. 상대방의 말과 태도를 잘 집중하여 소중하게 여겨주어야 한다. 전심의 언어로 듣고 상대의 감정을 인정해주는 적절한 제스처도 함께 사용한다.

"멋지다.", "잘했다.", "대단해.", "아, 그래?", "힘들겠다.", "좋아.", "기분이 우울해 보인다.", "실망했니?", "다른 방법은 없을까?", "더 좋은 생각이 없을까?" 등 감정 상태를 묻는 질문하기다.

그날의 감정에 대해 이야기하는 시간을 갖는 등 감정어휘 능력을 기르는 것이다. 그러면 공감인지능력을 강화할 수 있다.

매일 긍정의 말 들려주기

세계적인 거부인 기업가 빌 게이츠(Bill Gates). 그가 부자가 될 수 있었던 비결은 다름 아닌 매일 스스로에게 긍정의 말을 들려줬기 때문이다. 한 기자가 빌 게이츠에게 어떻게 큰 부자가 될 수 있었는지 그 비밀이 무엇인지 물었다고 한다. 예상외로 그의 대답은 너무나 간단했다.

"나는 매일 스스로에게 두 가지 말을 반복한다. 그 하나는 '왠지 오늘은 나에게 큰 행운이 생길 것 같다.'이고, 다른 하나는 '나는 무엇이든 할 수 있다.'라는 것이다."

믿거나 말거나, 나는 '빌 게이츠의 부자론'은 한마디로 '말하는 대로 이루어진다.'는 것임을 알게 되었다. 그러므로 꿈과 희망을 가슴에만 품지 말고 자주 언어로 되뇌어야 한다. 매일 긍정을 선언하자.

스콧 레이먼드 애덤스(Scott Raymond Adams)는 미국의 만화 작가이다. 연재만화《딜버트》의 저자이기도 하다.

그는 공장의 말단 직원으로 시작하였다. 그는 꿈을 현실로 이루겠다는 각오를 갖고 사무실 책상에 매일 다음의 글귀를 열다섯 번씩 썼다.

"나는 세계 최고의 만화가가 될 것이다."

그리고 기회가 있을 때마다 말로 사람들에게 알렸다. 자신이 그린 만화를 신문사나 잡지사에 보냈으나 수없이 거절당했지만 포기하지 않았고, 마침내 그의 만화《딜버트》는 전 세계 2,000여 개의 신문에 실렸다. 세계적인 만화가와 작가로 활동하게 되었다.

"싸워 이길 수 없는 적과 싸움을 하자."라고 400년 전 세르반테스는 오십이 넘은 나이에 감옥에서 〈돈키호테〉로 희망을 떠벌렸다. 우리도 할 수만 있다면 긍정과 희망을 선포하자. 말하는 대로 이루어지기 때문이다.

……것 같아요

말이 뇌를 자극하고 말이 생각과 행동을 지배한다는 것을 여러 번 강조했다. 따라서 '…… 것 같아요.' 말투는 말끝을 흐리는 것과 같다. 상대방에게 신뢰감을 주지 못한다. 자신감 없는 말투는 상대에게 긍정적인 호응과 호감을 이끌어낼 수 없다. 자신감 없는 말투는 삼가야 한다.

'…… 것 같아요.'처럼 애매하게 얼버무리지 말자. 자신감 없는 말을 하면 생각에 확신이 들지 않고 행동이 우유부단해진다. 신뢰감을 떨어뜨리는 효과를 주게 된다. 대신 줏대 있고 자신감 있는 말을 사용하자.

"나는 긍정맨입니다."

기품 있는 사람

말이 기품 있는 사람을 만든다. 기품 있는 사람의 첫 번째 특징은 "~해 주시겠습니까?" 하고 상대의 양해를 구한 뒤 "고맙습니다." 하고 감사를 표현하는 것이 몸에 배어 있다. 그리고 부정적인 말(은어, 속어, 비어, 줄임말)을 쓰지 않는다. 그리고 진심 어린 칭찬을 잘한다.

나는 거의 매일 다음의 문제를 제기하곤 한다.

'말'은 무슨 힘을 가지고 있기에 나와 타인을 좌지우지할 수 있는 것일까? 그리고 정말로 영향을 주는 것이 맞을까? 또 긍정적인 말이 사람을 만들까? 부정적 어휘가 자아 형성에 영향력을 주는가?

잡초도 꽃이라 부르면 격과 향이 달라진다. 입은 적을 만들고 귀는 친구를 만든다는 말이 있다. 그래서 입구(口)자 셋이 모이면 품격 품(品)자가 된다. 즉, 같은 말이라도 아름답게 써야 한다. 한 번 쏟아진 물은 다시 담을 수 없듯, 한 번 내뱉은 말은 다시 거둬들일 수 없다. 프랑스 속담에 "칼로 베인 상처는 쉽게 낫지만, 말로 베인 상처는 평생을 갈 수 있다."고 했다.

높은 행복감 UP

언어의 힘 중에서 호칭의 힘은 대단하다. 그래서 환자에게 '환자'라는 호칭 대신 전성기 시절의 직위로 호칭해 준다. 부정어 대신 시적인 말을 풀어 사용해야 하고 긍정 언어를 사용한다. 이를 테면, 시작은 축하하는 말과 좋은 소식으로 시작한다.

긍정의 어휘
사용하기

'여기 오면 행복해.', '○○○ 님과 함께해 너무 행복해.', '반가워요.', '예쁘다.', '아름답다.', '감사한다.' 이런 말들은 자존감이 상승하고 높은 행복감을 만들어 준다.

말은 그물망 역할을 한다. 내가 내뱉은 말대로 그 그물망에 끌려온다. 행복, 사랑, 희망, 긍정의 그물망을 던져 놓은 대로, 또 부정의 그물망을 던져 놓은 대로 소출을 끌어올리게 된다. 이를테면 "격려의 말은 기적을 만들어낸다.", "때로는 단 한 마디의 말이 삶을 변화시키고 세상을 바꾼다."라는 말이다.

격려하고 칭찬할 때 사람은 더 발전할 수 있다는 것이다. 명심하자.

활력(pep) 있는 말

활력(pep) 있는 말 한마디가 상대의 마음에 기운을 북돋아준다. 활력(pep) 있는 말들, 이를테면 "네가 있어 힘이 돼!", "열심히 했구나!"라는 말을 날마다 말해 주어야 한다.

　　존재 - "당신의 꿈은 정말 멋져요!"
　　태도 - "늘 웃는 얼굴로 인사하는군요."

결과 -"덕분에 큰 성과를 냈어요."

자신뿐만 아니라 주위 사람들까지 활기를 되찾도록, 원래 갖고 있던 용기와 힘을 발휘하도록 능숙하게 말의 힘을 사용할 줄 알아야 한다. 그렇기 위해서는 연습과 노력이 필요하다. 한마디 말은 힘이 있기 때문이다.

하루의 첫인사

문득 이런 생각을 해봤다. 하루의 첫인사를 어떻게 해야 할까?

모든 사람이 예외 없이 아침을 맞는데, 언제나 새롭게 태어나는 하루의 첫인사, 새로운 세계를 시작하는 인사를 어떻게 해야 하는지. 나는 "좋은 아침!"으로 하루의 첫인사를 하곤 한다.

아침은 모든 사람들에게 생명력을 전해준다. 잠에서 깨어났을 때, 하루를 시작할 때, 먼저 인사를 건네자.

"잘 잤어?", "안녕", "좋은 아침." 집을 나가면서는 "다녀올게요."

인사말이 끝나기 무섭게 "조심해서 다녀와!", "돈 많이 벌어와!"라고 귀에 들어온다.

오늘 아침은 먼저 인사로 맞이하자. 아침은 사랑이니까.

새로운 아침은 새로운 역사를 쓰는 시작이므로, 얼마든지 내가 바꾸고, 수정하여 더 멋진 날로 만들 수 있다는 것이다.

어휘 스피치 이해하기

어휘 연습으로 주제별, 품사별, 조어, 문법적 등 어휘 등을 연구하고 연습해야 한다. 또 어휘 목록집을 만들어야 한다. 만들어진 어휘 목록집 다의어(의미 빈도를 최우선하여 구체적인 의미가 우선시 됨), 유의어(대응 쌍이 어떤 점에서 차이를 보이는지 의미 변별을 함), 관용어, 한자어, 사자성어, 속담, 유행어, 존재 어휘, 호칭어, 의성어, 의태어, 외래어, 합성어, 파생어 등 이러한 어휘를 활용하는 것이 스피치의 유창성을 높여 준다.

어휘장(목록집) 활용하기

서로 밀접한 관계를 맺고 있는 단어들의 집합을 이용하여 어휘력을 연구하고, 읽기와 쓰기 등의 과정을 통해 익혀야 한다. 어휘의 어종에 따른 분류한다. 고유어, 한자어, 외래어, 혼종어 등이 있다.

파생어 스피치

어근과 접사를 모아 만든다. 생어는 어근과 접사의 결합으로 이루어진 실질 형태소와 형식 형태소가 이루어진 단어이다.

예) 덧신, 치솟다, 새파랗다, 송아지, 덮개, 맏아들, 햇병아리, 햇곡식, 햇과일, 알밤, 앞서다, 병들다

합성어 스피치

둘 이상의 실질 형태소가 어울려 이루어진 단어이다.

예) 고무신, 뛰어넘다, 밤나무, 밤송이, 밤낮, 앞뒤, 벌판, 솜이불, 정들다, 앞서다, 병들다

접두사 스피치

접두사(接頭辭)는 어떤 단어(어근)의 앞에 붙어 뜻을 첨가하여 하나의 다른 단어를 이루는 말을 이른다.

예) '맨주먹·풋사과·군소리' 등에서 '맨-/풋-/군-' 따위

한자어 접두사

양(洋 바다 양): 양약, 양담배, 양과자

대(大 큰 대): 대가족, 대선배, 대성공

경(經 날 경): 경공업, 경범죄, 경음악

한자어 접미사

객(客 손객): 관람객, 방청객, 등산객

통(通 통할 통): 소식통, 외교통

외래어 접두사

노(no) - 노팁, 노브랜드

더블(double) - 더블데이트, 더블아웃

파생 접미사

명사 파생: 죽음, 줄넘기, 더하기, 길이, 높이

동사 파생: 공부하다, 반짝거리다, 중얼거리다.

형용사 파생: 조용하다, 사람답다, 정답다, 해롭다.

부사 파생: 마음껏, 힘껏, 많이, 가까이, 가만히, 조용히

싸워 이길 수 없는 적과 싸움을 하자

〈돈키호테〉_세르반테스

09

축하의

말로

시작하자

하루의 시작 언어

당신은 어떤 말로 하루를 시작하고 있는가?

하루를 보내는 가장 좋은 방법은 '시작을 축하하며 축복으로 여는 것이다.'

오래된 속담이 있어 소개한다.

"우리는 항상 찾고자 하는 것을 발견한다."

1970년대 동기부여가 지그 지글러(Zig Ziglar)의 책 〈정상에서 만납시다〉를 보면, 지글러가 성공을 거둔 100여 명의 사람들을 대상으로 연구한 내용이 나온다. 성공한 이들에겐 한 가지 공통점이 있었다. 그들은 어떤 환경에서든 항상 좋은 것을 발견했다는 것이다.

생각해 보자. 나는 사람들과 만나면 좋은 점을 먼저 찾는 사람이었는가?

다시 한 번 내가 먼저 더욱 더 좋은 점을, 긍정적인 면을, 가능성을 찾는 사람이 되기로 결심한다. 유창하게 말하기와 이것이 무슨 상관이 있느냐고 물을 수 있다. 이러한 가치관과 결심은 곧바로 삶의 태도와 말하는 방식까지 바꾸어버린다. 투덜거림이나 불평도 하지 않으며 축하하고 좋은 것과 긍정적인 것을 찾으려는 자세로 바뀐다. 또는 부정적인 말이 많이 줄어지게 된다. 사실 자세히 보면 우리 주위에는 온통 좋은 뉴스들로 가득하다. 그런데 우리의 생활언어는

축하의 말로
시작하자

75%가 부정적인 것을 듣고 말한다.

수업을 시작할 때 내가 묻는 것이 있다.

"여러분 오늘 어떻습니까?"

"좋습니다."를 이끌어낸다.

때로는 말을 바꾸어 "오늘은 무엇을 축하하기에 좋습니까?", "누구 좋은 소식 없나요?", "누구 좋은 얘깃거리 있는 분?" 하고 물어보기도 한다.

이는 시작을 축복하고 좋은 것에 초점을 맞추도록 하기 위함이다. 어쩌면 이 시간은 최고로 행복한 시간이다.

이렇게 강의를 시작하는 것은 현재를 풍요롭게 만들어주기 때문이다.

우리는 매일의 삶에서 좋은 것을 보고 말할 수 있어야 한다. 매일매일 우리 주위에는 항상 좋은 일이 일어나고 있다는 것을 느끼고 그것을 나누고 축하해야 한다. 하루를 축하하는 삶을 살아야 한다. 그 실천의 일환으로 매일 감사일지를 쓰자.(문자, 카톡, SNS.) 그리고 매일 세 사람 이상에게 칭찬의 말을 해주는 것이다. 마지막으로 매일 영혼에 새겨지는 격언과 명언을 나누는 것이다.

이것이 나의 사명으로, 하루에 적어도 감사한 마음을 갖고 세 번 이상 칭찬을 해 주는 것이다. 이는 너무 즐거운 일이다. 이 프로젝트가 지속적으로 이루어질 수 있도록 여러분의 동참을 기대한다.

살펴보면 우리에게는 축하할 일이 아주 많다. 생각하여 적고 나눈다.

오늘, 당신은 좋은 소식을 들었나요?

지금, 당신이 가지고 있는 좋은 소식을 들려주세요.

(.) 이것이 오늘의 좋은 소식이에요.

인사언어 나누기

우리가 일상생활에서 가장 많이 사용하는 말이 인사말이다. 사람들을 만나면 말을 선택하여 인사를 나눈다. 친숙한 사람을 만나도, 낯선 사람을 대해도, 그리고 높은 사람을 만나도 인사를 통해 소통하게 된다. 하루에도 많은 사람들을 만나게 되는데, 보통 사람들은 평이하게 인사말을 한다. 당신은 어떤 인사말을 사용하고 있는가?

"안녕! 잘 지냈어? 밥은 먹었어? 어제는 잘했어? 다행이군. 반갑습니다. 안녕하세요?", "처음 뵙겠습니다.", "고맙습니다.", "좋은 아침!", "조심히 가세요.", "좋아요!", "잘 지내세요?", "별 일 없어요?", "어떻게 지내요?", "좋은 날입니다.", "행복하세요.", "넥타이가 잘 어울리세요. 대표님 오셨어요? 오늘 특별한 날인가 봐요. 넥타이가 잘 어울리세요. 오늘 아주 좋은 일이 있을 것 같아요."

축하의 말로
시작하자

친숙한 사람들끼리는 미소로, 악수로, 껴안기, 하이파이브, 주먹끼리 부딪치기 등 다정한 몸짓과 함께 따뜻하게 인사를 주고받는다. 인사말도 배워서, 더 섬세하게, 상황에 맞게 사용하면 분위기는 더 화기애애해지며 에너지가 넘치고 활기차게 된다.

조금 더 멋지고 창의적인 인사말을 위해서는 긍정적이고 구체적인 인사말이면 더 좋다. 재미와 배려, 그리고 관심의 표현을 담아 인사말을 나눈다. 그러면 이어지는 대화가 긍정적이고 즐겁다.

오늘 어떻게 인사하느냐, 그것이 나의 삶을 창조하게 된다. 좋은 인사는 더 좋은 관계를 만들고, 긍정의 에너지를 높여준다. 당신은 오늘부터 어떤 인사를 선택하겠는가? 그 결심의 요지를 50자로 짧게 적어보자.

내재된 단어와 어휘

한국어든, 외국어든 말을 잘하려면 어휘를 많이 알아야 한다. 평소에 쓰는 단어와 사용하는 어휘력이 내 인생 그대로 결과로 나타나기 때문이다. 만약 매사에 매우 긍정적인 단어와 어휘력을 사용한다면 그대로 나타날 것이고, 까칠한 낱말, 부정적인 단어와 어휘력이 내재되어 사용한다면 그대로 나타날 것이다.

다음의 실전 실험을 통해 내 안에 내재되어 있는 언어의 특성을 확인해보고, 당신의 대화의 상태를 점검해 보자.

내면(자아)의 소통 단어와 어휘력 실험

A 상황	대화 진술
비즈니스 일로 커피숍에서 고객과 마주 앉아 대화를 하게 되었다. 가장 먼저 서두에 나오는 첫마디의 말이 무엇인가?	

B 상황	대화 진술
길을 가다가 누군가와 어깨가 부딪혔을 때, 가장 먼저 뛰어 나오는 말은 무엇인가?	

축하의 말로
시작하자

C 상황	느낌 진술

실제로 내가 읽는 단어와 어휘력만
으로도 우리의 생각과 감정이 달라
질 수 있다. 다음의 단어들을 천천히
읽어보자.

부정적인 단어 읽기

죽이다, 비난하다, 짜증나다, 추한,
바보, 침을 뱉다, 파멸, 살인하다,
감옥, 전쟁, 벌레 같은 놈, 죽음,
망할 놈, 못생긴, 아프다, 환자,
실패, 뚱뚱한

긍정적인 단어 읽기

멋지다, 잘한다, 좋다, 즐겁다, 예쁘다,
안전하다, 축복하다, 치유하다,
감사하다, 사랑하다, 사랑, 미소, 용기,
승리, 희망, 아름다움, 친구, 믿음,
건강한, 진실, 용서, 우아함, 착하다,
성실하다

D 상황	실험 결과

공격적인 언어를 구사하는 사람들은
공격적인 행동을 할 가능성이 많다.
반면에 긍정적인 언어를 구사하는
사람들은 따뜻하고 안정적인 행동을
할 가능성이 높다. 그러므로 소비자
에게 영향을 주는 단어와 어휘력은
매출에 영향을 준다. 그리고 신체건
강에도 크게 영향을 끼친다.
다음의 실험을 해보도록 하겠다. 시간
은 5분이다. 먼저 한 그룹은 소비자에
게 영향을 주는 단어를 가지고 대화의
문장을 만들어 사용하는 것이다.

A: 쉬운, 새로운, 기적, 증명된, 혁명
적인, 필요한, 값싼, 빠른, 선풍적인,
절약하다, 안전한, 사랑, 건강, 돈

또 다른 한 그룹은 말이 신체에 영향
을 준다는 사실을 믿고 다음의 단어
와 어휘력을 가지고 문장을 만들어
사용해 본다.

B: 활동적인, 건강한, 젊은, 친절한,
분별력이 있는, 경험이 많은, 멋진,
박식한, 좋은 태도를 가진, 훌륭한,
성공, 잘생긴, 용기, 긍정적인, 웃음,
행복

앞의 실험 결과를 적어보고, 그 내용을 주변 사람들과 나누어 보자.

내가 한 번 내뱉은 말은 다시 자신의 귀를 통해 뇌(생각)로 전달이 되고, 감정을 건드리며 우리의 정서와 행동에 그대로 영향을 준다. 그러므로 긍정의 결과를 기대한다면 먼저 내면의 언어를 바꾸어야 한다. 즉 내가 사용한 말은 감정과 행동을 만들어낸다. 그리고 삶의 결과에 큰 영향을 준다.

평소에 습관적으로 내재되어 사용하는 단어와 어휘력을 바꾸어보자. 그렇기 하기 위해서는 긍정적인 단어와 어휘력을 많이 입력시켜야 한다. 그리고 말을 할 때, 간간이 멈추고 심사숙고하여 말을 해야 된다. 수시로 긍정적인 단어와 어휘력으로 내면의 대화를 나눈다.

단어는 사람의 몸속으로 들어간다.

긍정의 단어가 몸속으로 들어가면 우리를 건강하게 하고, 희망적으로 만들고, 행복하게 하고, 강한 에너지를 갖게 하고, 재밌게 하고 그리고 명랑하게 만들어준다. 부정적인 단어는 의기소침하게 만들고, 우울하게 하고, 못마땅하게 하고, 화나게 하고, 마침내는 아프게 한다.

어느 단어와 어휘력을 선택하고 싶은가?

내가 선택하는 단어와 어휘력대로 하루의 시작이 그대로 이루어진다. 당신은 어느 것을 선택할 것인가?

부정적인 단어와 어휘력	긍정적인 단어와 어휘력
불평하다.	존중하다.
무시하다.	환영하다.
경멸하다.	사랑하다.
굳은 표정을 하다.	미소를 짓는다.
대충하다.	최선을 다하다.
낙담	용기
불친절	친절
당신	우리

마음의 키잡이

격려와 칭찬, 감사와 사랑의 언어를 받으며 자란 사람의 자존감은 매우 높지만 반대인 경우는 매우 낮다. 그리고 이것은 그 사람의 자아상이 되고 그 사람의 운명으로 결정해 버린다.

성공학의 대가(大家)로 불리는 맥스웰 몰츠(Maxwell Maltz)는 '사이코-사이버네틱스(Psycho-Cybernetics)'라는 단어를 사용한다. '마음의 키잡이'라는 뜻이다.

우리 인생을 배가 항해하는 것으로 비유하곤 한다. 배가 항해할 때

축하의 말로
시작하자

키가 그 방향을 결정하는 것처럼 우리 인생에도 마음속에 자아상이 키 역할을 한다. 그래서 배가 항로를 바꾸려면 키를 조종해야 하는 것처럼 우리 인생의 항로를 바꾸려면 자아상을 바꿔야 한다. 긍정의 자아상을 가져야 한다.

아름다워질 수 있는 말로, 멋지게 살 수 있는 언어로, 성공 인생을 만들 수 있다. 먼저 칭찬과 감사, 그리고 격려의 말을 나누어 보자. 거울을 스승 삼아 외쳐 보자. 거울 앞에서 매번 외치자.

"긴장한 듯한 표정이 매력적이네요."
"일을 잘할 것 같아요."
"유머 감각이 뛰어나요."
"멋지고 쿨한 매력이 넘쳐요."
"웃는 얼굴이 소년 같아요."
"틀림없이 애처가가 될 거예요. 자상하고 포용력이 있으시니까."
"성실함이 배었나 봐요."
"양복 차림도 멋지고, 뭘 입어도 잘 어울리네요."

질문조 언어

　명령조의 언어는 생각을 바꿀 수 없다. 더 나은 태도를 취하지도 못한다. 대신 질문법으로 사용하면 더 효과적이다. '해, 하지 마.'가 아니라 '~하는 게 어때?'라고 말한다. 이유와 원인을 물어보자. 질문은 스스로 생각하는 힘을 갖게 하여 문제를 극복할 수 있도록 도와준다.

　질문조의 언어는 상대방을 주목하게 하며 많은 말을 할 수 있는 기회를 제공해 준다.

10

수사학적

탐구

수사학

고전적 의미의 '수사(洙泗)'는 '말을 잘하는 기술'이다.

현대에는 '설득 기술'로 사용된다. 즉 청중에게 호소하는 것이다.

아리스토텔레스는 그의 책 〈수사학〉에서 로고스, 파토스, 에토스를 활용한 설득 기술로 말하고 있다. 따라서 말을 조리 있게 하고 효과적으로 설득하는 방법을 가르치는 '수사학'은 고대 그리스 시대부터 중요하게 여겨졌다. 그리고 중세 유럽에서도 대학의 중요 과목으로 인정받았다. 일찍이 철학자 플라톤은 수사학을 '그럴듯하게 말을 잘하는 기술'이라며 중요함을 강조했다.

수사학의 혁명적 전환이 일어나기를 바란다. 벨기에의 철학자 미셸 메이에르(Michel Meyer)는 '수사'의 정의를 '즐겁게 하기, 자신의 생각들을 사실인 것처럼 설득'이라고 말했다. 인지 심리학자 대니얼 사이먼스(Daniel Simons)는 수사학을 '설득의 연구와 실천'으로 정의하고 있다.

말하기 단위

더즌(dozen)은 12개가 한 묶음임을 나타내는 단위이다. 스코어

(score)는 20개가 한 묶음 단위임을 의미한다.

유창하게 말하기 단위는 4개가 한 묶음이다. 유창하게 말하기 능력을 키우려면 필히 〈말하기, 창작 쓰기, 읽기 그리고 인문학적 독서〉가 한 묶음이 되어야 한다. 이 4가지를 분리하고서는 결코 말하기 능력을 키울 수 없으며, 유창하고 감동의 설득가가 될 수 없다.

만약 어떤 사람이 부정적인 언어, 상처를 주는 말, 그릇된 표현을 사용하여 주변 사람들을 힘들게 했다면 이 사람은 말을 배웠다고 할 수 없다. 말하기 단위를 묶어서 배우지 않았다는 것이다.

명언 활용 말씨

미국의 제16대 대통령 에이브러햄 링컨.
"나는 느리게 걷지만, 결코 뒤로 걷진 않는다."

읽기: 나는 느리게 걷지만, 결코 뒤로 걷진 않는다.

    필사 :

_____

의미 적기 :

_____

_____

활용 말씨 :

_____

_____

〈여자는 두 번 울지 않는다〉의 저자 시드니 셸던(Sidney Sheldon)은 미국의 현대 작가이다. 그는 이런 말을 남겼다.

일찍 책장을 덮지 말라.

삶의 다음 페이지에서

또 다른 멋진 나를 발견할 테니.

다음 페이지에 숨겨진 멋진 이야기의 주인공이 될 수 있도록 우리는 책을 덮지 말아야 한다.

한 페이지만 넘기면 그야말로 멋진 삶이 있었는데, 조금만 더

(   )[1]더라면…….

---

1 노력했, 견뎠, 참았, 기다렸, 생각했

실수

약간의 실수를 저지를 권리,
실수에서 배울 권리가 있음을 주장하라.
실수는 지혜의 교훈이다.

닐 A. 맥스웰

미국의 인디언 부족인 라코타(Lakota)족은 지혜의 부족이라 불린다. 그들은 이런 말을 했다고 한다.

"희망을 향해 내디딘 연약한 한 걸음이 맹렬한 폭풍보다 훨씬 더 강하다."

최근에 읽은 명언 중 최고의 명언이다. 아래에 적고 마음에 깊이 새겨보자.

_____

_____

_____

침묵 언어

라코타 부족에서 태어난 남자아이들에게 꼭 거쳐야 할 통과 의례가 있다. 남자아이가 14살이 되면 어른이 되는 여러 의식을 통과해야 한다. 그중 가장 힘든 관문이 바로 엄마와 아들이 2년 동안 서로에게 말을 하지 못하는 것이다. 엄마와 말을 하는 순간, 성년식 이전, 즉 소년의 단계로 돌아간다. 2년을 보내고 엄마와 아들은 대화를 할 수 있게 되지만, 그 아들은 2년 전과는 전혀 다른 어른이 되어 있었다.[2] 알맹이로 가득 찬 핵심적인 말만 하였다는 의미이다.

그런가 하면 라코타 부족은 말의 앞과 뒤에 오는 침묵을 소중하게 여겼다고 한다. 그들을 관찰한 오글라라 시욱스 부족의 추장은 "대화는 결코 즉시 시작되지 않았고 서두르는 법도 없었다. 아무리 중요한 사안이라도 아무도 질문을 해대지 않았고 답변이 강요되지도 않았다. 생각을 위한 고요는 진정으로 예의 바른 대화의 시작이다. 화자의 말이 시작되기 전의 기다림은 말하는 자에 대한 존중과 정중함의 표현이었다."라고 말했다.[3]

---

2 아들을 잘 키운다는 것, 이진혁, WisdomHouse(2017)
3 유정아의 말하기 강의, 유정아, 문학동네(2010),

수사학적
탐구

꼭 필요한 말

미국의 프랭클린 루스벨트 대통령의 일화이다.

어느 날 백악관을 찾아 온 한 군사전문가와 대화를 나누고 그가 떠난 뒤 비서에게 몹시 기분 좋은 어조로 '그 사람 참 말 잘하는 사람이네.'라고 했다고 한다. 하지만 그 전문가가 한 것이라곤 조용히 대통령의 말을 듣고 있다가 이따금씩 '그렇군요.', '아, 네. 그렇게 생각할수 있죠.' 등으로 응수한 것뿐이었다.

그렇다. 잘 들어주고 꼭 필요한 적절한 말만 하자.

남아프리카공화국의 흑백갈등을 봉합한 용서와 화해의 아이콘 넬슨 만델라(Nelson Mandela) 전 대통령은 이런 말을 했다.

> "나는 습관적으로 말을 가볍게 하지 않는다. 27년 동안의 감옥
> 살이가 준 게 있다면, 그것은 고독의 침묵을 통해 말이 얼마나
> 소중한가를 이해할 수 있었으며, 사람들의 삶과 죽음의 방식에
> 영향을 미치는 데 언어표현이 얼마나 실질적인가를 이해할 수
> 있었다는 것이다."

위대한 말은 꼭 필요한 말, 그 상황에 가장 적합한 얘기만을 하는것이다. 그래서 '촌철살인(한 치밖에 안 되는 칼로 사람을 죽인다.)'이라는 말

이 있다. 뾰족한 말 한마디로 사람을 죽일 수 있다는 의미다.

짧고 간결함

타인과 소통하기 위해 가장 좋은 방법이 무엇이라고 생각하는가?

셰익스피어는 '재치의 핵심은 간결함'이라고 말했다. 재치 있는 간결한 말은 구구절절 설명하려 하지 않는다. 이야기가 길게 늘어지기 전에 날렵한 화살을 쏘듯 짧고 간결하게 말한다. 이것이 가장 큰 매력이다. 군더더기를 걷어내고 알맹이만 남겼을 때 그것에 담긴 메시지는 위력적이다. 화살처럼 과녁에 맞추게 된다. 그러나 간결함은 반드시 짧은 것만을 말하는 것이 아니다. 간결함은 추려진 핵심이며 알맹이다.

짧고 간결한 메시지, 치열하고 밀도 있는 알맹이를 담기 위해서는 사유의 과정을 거쳐야 한다.

밑바닥까지 한없이 들어가는 고된 작업을 거쳐야 한다.

고대 로마의 키케로(Marcus Tullius Cicero)는 당시의 가장 유명한 웅변가이자 문장가였다. 그의 연설은 간결하면서도 강렬한 메시지를 전달해 역사 속에 길이 남는 명연설이 되었다. 그는 "간결이 명연설의 가장 큰 매력"이라고 하였다.

링컨은 1863년 11월 19일 남북전쟁의 전환점이 되었던 게티즈버그 전투에서 사망한 장병을 추모하는 연설을 했다. 이 연설의 마지막 문구는 민주주의의 정신을 가장 간명하게 표현한 것으로 유명하다.

> "우리들에게 남은 일은 오히려 이 명예로운 죽음에서, 그들이 마지막으로 모든 것을 바친 헌신의 목적에 더욱 헌신하는 것이다. 그들의 죽음이 헛되지 않도록 하고 이 나라가 신의 가호 아래 새로운 자유를 탄생시키고 국민의, 국민에 의한, 국민을 위한 정부가 지상에서 사라지지 않도록 하는 것이다."

그의 연설은 끝났지만 박수는 나오지 않았다. 청중들은 연설이 너무 짧아 계속될 것으로 생각하고 박수를 치지 않았던 것이다. 하지만 2분간의 이 짧은 연설은 오늘날까지 감동적인 연설로 회자되고 있다. 미국에서 링컨의 연설문은 5학년 역사 교과서부터 정식으로 나온다고 한다. 그렇다. 가장 짧고 간결한 스피치는 긴 연설보다도 훨씬 더 효과적이다. 짧은 1분 2분 3분 안에 메시지를 전하려면 필히 짧고 간결하되, 핵심 알맹이가 담겨져 있어야 한다. 짧고 간결한 말이 되기 위해서는 짧은 어구와 말하고자 하는 바를 요약한 신선한 어휘를 사용한다.

핵심적인 메시지

미국 국무장관 윌리엄 시워드(William Seward, 1801~1872)는 미래의 가치에 투자했던 사람이다. 그는 알래스카 얼음 덩어리가 아닌 눈과 얼음 속에 묻힌 보물에 투자하자고 의회를 설득했다. 다음은 그의 설득적인 연설문이다.

> 사랑하는 여러분,
> 저는 눈 덮인 알래스카 땅을 보고 사자는 것이 아닙니다.
> 나는 그 안에 감춰진 무한한 보물을 바라보고 사자는 것입니다.
>
> 여러분, 나는 우리 세대를 위해 그 땅을 사자는 것이 아닙니다.
> 나는 다음 세대를 위해서 그 땅을 사자는 것입니다.

쉬운 단어와 짧고 간결한 문장

로마의 정치가이자 역사가 줄리어스 시저(Gaius Julius Caesar)는 "선장이 암초를 피하듯, 훌륭한 웅변가나 작가는 어려운 단어나 표현을 피해야 한다."고 하였다.

"단어에 흠뻑 젖어야 한다. 단어에 완전히 흠뻑 젖어야 한다. 적절한 단어가 적절한 순간에 적절한 모양이 될 때까지."

미국 시인 해럴드 하트 크레인(Harold Hart Crane)의 말이다.

"커다란 감정이 커다란 단어에서 나오는가?"라는 헤밍웨이의 말을 보자.

헤밍웨이의 문장은 쉬운 단어와 짧은 문장으로 간결하다. 명연설문들은 거의 관계사로 연결하는 중문은 쓰지 않고 단문이 많다. 1음절로 된 단어를 즐겨 사용했다. 형용사, 부사로 수식하는 것을 피하고 명사, 동사 중심의 긍정문을 사용했다.

인용어구 사용하기

말이 바늘처럼 뾰족하여 사람을 찌르기에 가능하기 위해서는 적절한 인용어구를 사용하되, 절대 긍정적이고 희망적 어휘와 문장을 사용한다. 짧은 스피치와 인사말, 건배사 등에 활용한다.

위기는 위험한 바람을 타고 오는 기회다.

-중국 속담

장한 일은 엄청난 위험에서 이루어진다.

-그리스 역사가 헤로도토스

나는 불행이 닥쳐올 때마다

항상 그것을 기회로 바꾸려고 하였다.

-록펠러

최고의 연설

거의 60년이 되어가지만 케네디 대통령의 취임 연설은 지금 들어도 명연설이다. 1961년 1월 20일 취임 연설이다.

"국가에 나를 위해 무얼 해달라고 하지 말고 내가 국가를 위해 할 수 있는지를 찾으십시오."

다음은 케네디의 많은 연설 중 최고라고 평가받는 연설이다. 1963년 6월 26일 서독 서베를린 시청사 앞 광장에서 말한 다음의 구절이 시민의 심금을 울린다.

수사학적
탐구

"2000년 전 가장 자랑스러운 말은 '나는 로마 시민입니다.'이었습니다. 오늘날 자유세계에서 가장 자랑스러운 말은 단연 '나는 베를린 시민입니다.'입니다."

자신의 경험 말하기

1961년 5월 31일 재클린은 남편 케네디 대통령을 수행하여 프랑스에 갔다. 케네디는 연설을 이렇게 시작했다.

"청중 여러분에게 제가 제 자신을 소개하는 것이 전적으로 부당하다고 생각하지는 않습니다. 저는 재클린을 파리까지 수행했던 남자입니다. 그리고 저는 그것을 즐겼습니다."

유머감각 발휘하기

미국 문화부 장관이었던 앙드레 말로가 재클린에게 물었다. 재클린은 재치 있는 유머감각을 발휘한다.

"케네디와 결혼하기 전에는 무엇을 하셨습니까?"
"난 귀여운 처녀였죠."

재치 있는 말(리파티)

링컨, 처칠, 레이건 등 정치가들은 재치 있는 말을 능란하게 구사했다. '리파티'는 '재치(위트) 있는 즉답'을 말한다. 즉, '단박에 재치 있는 한 방의 말 펀치로 받아쳐 상대를 압도하는 말대꾸'를 의미한다. 말 중에서 단연코 가장 화력이 센 장르를 꼽으라면 리파티[4]이다.

위트는 '즉석의 기지', '잽싼 기지'라고 말한다.

역설

공화정치를 지지하는 이상주의자 브루투스 일당은 음모를 꾸며 시저를 죽인다. 브루투스는 로마 시민들에게 공화정 수호를 위해 독재자를 죽일 수밖에 없었다고 살해의 정당성을 역설한다. 로마 시민들

---

4 말 속 인문학, 이윤재, 페르소나.

은 그의 연설에 환호한다.

다음은 브루투스가 공공광장에서 행한 연설이다.

시저가 나를 사랑했기에 나는 그의 죽음을 애도한다.

시저가 행운아였기에 나는 그것을 기뻐한다.

시저가 용감했기에 나는 그를 존경한다. 그러나

시저가 야심가였기에 나는 그를 죽였다.

한마디만 더하고 물러가겠다.

내가 로마의 영광을 위하여 시저를 죽인 것처럼,

나는 시저를 찌른 그 칼로 나를 찌르겠다.

나의 조국이 내 죽음을 필요로 한다면 말이다.

장례식 연설

로마의 안토니우스의 연설은 역사상 가장 위대한 연설로 알려져
있다. 시저의 장례식 연설이다.

시저의 장례식에 애도의 말씀을 드리기 위하여 왔습니다.

시저는 저의 친구였습니다.

저에게 충실하고 공정하였습니다.

그러나 브루투스는 시저가 야심이 있었다고 말합니다.

그런데 브루투스는 훌륭한 분입니다.

수사학적
탐구

11

언어의
입맞춤

당신의 말 높임, 깍듯한 말씨, 달콤한 언어는
상대의 마음에 걸터앉게 한다.
같은 높이의 입술에서 새나온 따뜻하고 친밀한 언어는,
미묘한 어감이 다시 서로의 입술로 와서
묘한 흥분의 언어, 따뜻하게 품는 체온으로 입맞춤이 된다.

비트겐슈타인의 언어 이야기

언어분석 철학 기초 확립에 막대한 영향을 끼쳤던 언어 철학자 비트겐슈타인(Ludwig Josef Johann Wittgenstein)은 재미있는 그림을 제시하였다. 하나의 그림을 보며 누군가는 토끼로, 누군가는 오리라고 본다는 것이다. 그는 오랫동안 길러온 토끼라고 생각하며 그렸지만, 아버지가 오리농장 주인인 상대방은 이것을 오리로 보았다. 보는 사람의 문화적 프레임에 의해 같은 것을 보면서도 각자 다르게 해석하는 것이다.

비트겐슈타인은 이를 "문화적 삶의 양식"이라고 말한다.

우리가 사용하고 있는 언어는 우리가 살고 있는 문화적 생활방식과 얽혀 있다. 내게 익숙한 문화 프레임으로 말한다. 상대방도 자신에게 고유한 문화적 프레임을 갖추고 있다.

문화는 본질적으로 다양하다. 따라서 서로 다른 문화적 프레임이 만나면 언어에 대한 해석이 달라져 소통이 정지되는 수가 많다. 그의 책 〈철학적 탐구〉에서 "사자가 말을 할 수 있다고 하더라도 우리는 그 말을 이해할 수 없다."라고 말했다. 삶의 방식이 다르기 때문이다. 주어진 환경과 개인의 경험이 다르다면 우리는 같은 말을 한다 해도 서로를 조금도 이해할 수가 없다.

언어

20세기 철학의 거장으로 불리는 비트겐슈타인을 현대에 들어 중요하게 꼽는 이유는 그의 독창적인 연구 방식 때문이다. 그는 누구보다도 "언어"에 집중한 철학자였고, 그동안 누구도 시도하지 않는 접근방식으로 언어를 파헤쳤다. '수없이 나타나고, 변하고, 사라지는 세계에서 우리가 살아가는데, 언어가 그 중심에 있다. 언어가 어떻게 세상과 상호작용하는가. 언어와 세상의 관계는 대체 무엇인가.'에 대한 의미를 찾기 위해 평생을 할애했다.

그는 〈논리철학 논고〉에서 세상을 '말할 수 있는 것'과 '말할 수 없는 것'으로 구분했다. 그는 오직 세상에 존재하는 것에 대해서만 말해야 한다고 주장했다.

"말할 수 있는 것을 명백히 나타냄으로써 말할 수 없는 것을 알려주게 된다.", "말할 수 없는 것에 대해서 우리는 침묵해야만 한다.", "진정으로 중요한 것은 아직 쓰이지 않았다."

정말 중요한 것은 '말할 수 없는 것'이라는 것이다. 그는 생애 단 한 권의 〈논리철학 논고〉를 남겼다. 그는 세상을 떠나기 전 마지막으로 "멋진 삶을 살았노라고 전해 주시오."라는 말을 했다. 그가 남긴 주옥같은 명언들은 다음과 같다.

"언어는 만물의 척도다.", "생각도 일종의 언어이다.", "말에는 음악이 깃들어 있다."

말의 의미

그가 쓴 "말의 의미는 사람마다 다르다."라는 글을 보겠다.

"두 사람이 동일한 말을 사용해도 그 둘이 동일한 생각을 갖고 있다고 단언할 수 없다. 완전히 같은 말이라도 각자 다른 의미로 생각하는 경우가 있기 때문이다. 왜냐하면, 말은 정해진 의미를 갖는 게 아니라 그때마다 우리가 의미를 부여하기 때문이다. 따라서 충분한 대화를 통해 서로가 어떤 의미로 단어를 사용하는지 알지 못한다면, 같은 말을 쓰더라도 충돌을 피할 수 없다."

"언어의 혼란을 막고 다툼을 없애려면, 자신이 생각하고 사용하는 언어만 따르는 것을 경계해야 한다. 언어의 뜻은 문맥(그 쓰임) 안에서 이해될 수 있다. 그리고 언어의 참된 이해는 그것을 사용할 준비가 되어 있을 때 가능하다. 따라서 말과 언어는 힘이며 권력이다. 기억하자. 상대의 말을 정확히 듣기 위해서는 말하는 사람의 미묘한 눈짓, 몸짓, 억양까지 느껴야 한다."

언어의
입맞춤

비트겐슈타인의 깊은 사유를 통한 말이 나의 고정관념과 삶의 방향을 바꾸는 중요한 열쇠가 되었다. 언어도 달라졌다. 그리하여 나는 비트겐슈타인의 언어를 만날 수 있어 행복하다.

신의 언어

농약을 쓰지 않은 유기농 채소처럼 신선한 무가공의 언어들은 외부의 힘에 떠밀리지 않고 스스로 작동하여 움직인다. 무가공의 언어들은 고운 생각에서 발아한다. 우리는 왜 이렇게 상쾌한 언어를 사용하지 않는 걸까?

무심코 내뱉은 한마디 말은, 공기 중에 사라지는 것이 아니라 어딘가 합당한 존재에 얹혀 보태어진다. 사람을 품위 있게 해주기 위해 살포시 스며든다. 그래서 고대인들은 말에 신성한 힘이 담겨 있다고 여기고 특별한 지위를 부여했다. 고대 부족의 제사장은 동시에 의사이기도 했으며, 의사로서의 제사장이 병을 치료하는 데 썼던 도구가 바로 말이었다. 말은 신이 내려 준 최고의 신탁(神託)으로 믿었다.

어느 러시아 학자는 행복을 한마디로 '가려움'이라 정의했다. 가려움이 신의 언어인 것은 가려움의 경계의 정밀함에 있는데, 우린 가려우면 긁고 싶고, 결국 긁게 된다. 그런데 되는 대로 마구 긁지 않는다. 가장 시원할 때 멈춰야 한다. 더 긁으면 상처가 생기고 피가 난다. 가장 시원할 때와 고통이 시작될 때의 그 지점. 인간이 가장 시원해할 때 신은 말한다.

'됐다, 거기서 멈춰라.'

인간은 말한다.

'설마요.'

데드라인을 넘어서면 아프고 상처가 생기며 피가 난다. 하지만 우린 설마하며 시원함을 넘어서까지 긁고 또 긁는다.

우리의 언어가 신의 라인까지, 가장 시원할 때 멈춰야 한다. 신의 경계를 넘어서면 안 된다. 설마까지 넘어서면 안 된다. 거기엔 상처가 있고 피가 난다. 이처럼 우리의 언어를 통제하고 조절할 수 있는 능력을 키우는 것이 중요하다. 여기까지, 적절한 곳에서 밈출 수 있는 언어를 사용할 줄 알아야 한다.

당신, 참 좋다

오래전, 책을 한 권 사들고 그 자리에서 단숨에 읽은 적이 있다.

언어의
입맞춤

'당신, 참 좋다.'라는 글귀에 확 끌렸기 때문이다. 그 한마디가 내 마음에 큰 보물이 되었다. 이 보물을 먼지 하나 묻히지 않고 잘 보관했다가 꼭 필요한 사람들에게 들려주려고 한다.

좋은 사람에게 용기를 내어 불쑥 찾아가 그를 바라보며 말해보라.

'당신, 참 좋다.' 여기서 '당신,'이라 말한 뒤 잠깐의 쉼표(,)에서 큰 눈으로 먼저 말해야 한다. 숨소리가 들려야 한다. 그런 다음에서야 '참 좋다.'고 말해야 한다. '당신, 참 좋다.' 이 말을 에두르느라 우리는 얼마나 많은 말들을 쏟아내는지 모른다. '당신, 참 좋다.'는 이 말보다 더 위력적인 말이 또 있을까?

이제 이 말을 순정한 첫 언어로 나눠보자. 놀라운 행복함과 형언(形言)할 수 없는 따뜻함이 이 말 뒤에 따라온다.

힘겨울 때에 '당신, 참 좋다.'고 중얼거려 보자. 눈은 지그시 감고, 아주 많이 나눠보자. 이렇게.

'당신, 참 좋다.', '당신, 참 좋다. 많이.', '당신, 정말 예쁘다.', '좋다.'

먼저 스위치

무뚝뚝한 목소리는 가짜 목소리이다. 가짜 표정도 있는데, 이 모두는 가짜 마음에서 나오는 것이다. 종종 나는 반가움에도 불구하고 무뚝뚝한 목소리로 전화를 받거나 대화를 하곤 한다. 반가움으로 마음을 꺼내어 말하려고 하는데, 뭔가 그걸 막는다. 진짜로 마음은 반가워 죽겠는데, 혀는 심술쟁이처럼 굳어져 목에서 말줄임표들이 요동을 친다. 그래서 나는 냉탕과 온탕 같은 순간순간 감정의 온도차를 바꾸는 스위치를 찾아냈다. 바로 '먼저 스위치'이다.

먼저 사랑의 마음으로, 먼저 미소를 짓고, 먼저 환대하며, 먼저 반갑게 맞이하는 것이다. 그때 가짜 목소리가 아닌 진짜 언어가 드러난다.

'어서 오세요.', '당신, 참 좋다.', '예쁘다.', '미안해요.', '감사한다.', '안녕하세요.', '반가워요.' 이렇게 먼저 스위치를 작동시킨다.

언어의 향기

독일의 고전 철학자 헤겔(Georg Wilhelm Friedrich Hegel)은 "마음문의 손잡이는 안쪽에만 달려 있다."고 말했다. 옛 성현들은 이를 이청득심(以聽得心)이라고 했다. 귀를 기울이면 사람의 마음을 언어 문을 열 수 있다. 진심과 귀함, 사랑의 향기가 전해지면 안쪽에서 문을 열어 준다.

안쪽에서 문을 열어 맞이할 때는 향기가 있었기 때문이다. 끌리는

언어의
입맞춤

사람에겐 진한 향기가 있다. 뭐라 할 수 없이 향긋한 그 냄새가 난다. 어떤 냄새인지는 알 수 없지만, 코끝으로 느끼는 그 냄새, 바로 언어의 향기다.

냄새 하나로도 상대의 인품을 온전히 기억할 수 있다. 코끝을 툭 치는 그 향기는 생각에서부터 풍긴다. 사용하는 낱말의 내음, 감정에서 돋아나는 냄새, 그리고 나를 바라보는 눈빛에서 나오는 냄새, 그런 것들이 어우러져 사람의 냄새를 이루지 않을까 생각한다.

언어의 향기는 사람의 몸에서만 뿜는 향기만은 아니다. 내 안쪽에 있는 마음문의 손잡이를 살포시 여는 그 언어의 향기들이다. 이를테면 '당신은 생각할수록 괜찮아요.', '멋진 생각을 자꾸 하게 만들어요.', '참, 좋아해요.', '당신, 참 좋다.', '참 예쁘세요.', '보면 볼수록 소중한 분이라는 것을 느껴요.'

언어의 나무

나무는 물, 햇빛 등 자양분을 먹고 자라지만, 언어의 나무는 오롯이 고운 말을 먹고 자란다. 내가 좋아하는 이혜인 수녀님의 〈고운 마음 꽃이 되고 고운 말은 빛이 되고〉를 읽고 설레는 마음으로 밤새 잠을 설쳤다. 수녀님의 고운 언어 한마디가 내 삶을 많이 바꾸어 놓았다. 나의 언어가 조금은 따뜻하고 겸손하게, 부드럽고 섬세하게 바뀌었다.

'감사합니다. 수녀님.'

우리는 날마다 많은 말을 하며 산다. 살아 있는 동안 많은 말을 하고 들으며 살아간다. 그 말씨들이 고운 언어로 출렁이게 되었으면 좋겠다.

외국인과의 대화를 위해 우리는 얼마나 많은 단어와 문장을 배우고 노력하는가. 학창시절 내 앞자리에 앉던 친구는 그날의 영어 단어장을 강력 본드로 붙여 지니고 다니며 공부했다. 삶의 질을 높여주고 아름답고 깊이 있는 언어를 쓰려면 이와 같이 더 관심을 갖고 공부를 해야 한다.

우리의 품격을 떨어뜨리는 저속하고 부정적인 말, 피상적이고 겉도는 말, 자기중심적이고 무례한 말을 쓰지 않도록 애써야 한다. 품격이 깊은 사람의 언어는 향기가 난다. 말을 찬찬히 곱씹어 입 밖으로 진중하게 꺼내놓는다.

품격의 언어

향기로운 언어 생활자로서 나의 언어가 상대의 가슴에 꽃 피우고 그윽한 향기가 그 안에 스며들게 해야 한다.

나는 여전히 식당에 들어가면 긴 시간을 갖고 차림표를 보고 뭘 먹을까 고민한다. 이처럼 매일 먹는 음식도 무엇을 먹을까 고민하듯이 매일매일 말을 할 때도 고민하여 언어생활을 해야 한다. 절대 험담과 부정의 말을 실어 나르는 말이 되어서는 안 된다. 주변 사람들의 인격을 깎아 내리거나 무시하는 부정적인 말들을 금해야 한다. 남을 헐뜯거나 비아냥거리는 말투는 절대로 사용하지 말자. 그저 고운 언어, 예쁜 말, 바른 말씨를 익혀 사용하기 위한 노력을 하자.

'싫다.', '지겹다.', '죽어.', '못 해.'와 같은 말을 자꾸 되풀이하면 실제로 지겨운 삶이 될 수 있다. 대신 '고맙다.', '좋다.', '된다.', '멋지다.'는 말을 먼저 사용하면 그 뒤의 삶이 그렇게 되는 것을 곧 보게 된다.

진정으로 품격이 깊은 사람의 언어는 딱 한 마디지만 많은 의미와 가르침을 담고 있어 울림을 담고 있다. 대화의 물꼬를 트게 한다. 무료함을 떨치게 한다.

품격의 언어는 성공과 행복을 물론 치유를 선물한다.

잘 베어지는 언어

잘 베어지는 칼이 되기 위해서는 평상시에 잘 갈아놓아야 한다. 무릇 칼은 칼집에 있을 때 위엄이 있다. 날카롭게 갈아 놓은 상태로 말이다.

사자성어 '쾌도난마(快刀亂麻)'는 잘 드는 칼로 헝클어진 삼 가닥을 자른다는 뜻이다. 언어에서도 짧고 간결하며 그 상황에 딱 맞는 격언이나 좋은 글귀는 대중의 마음을 날카롭게 파고든다. 언어는 부드러움과 매끄러움을 포함하고 있기에 날카로운 것이다. 밀도로 가득 차 있다는 의미다.

상대방 마음에 꽂히기 위해서는 날카로운 언어를 사용할 수 있어야 한다. 중국 당나라 시대의 재상 풍도(馮道)는 〈설시〉에서 "구시화지문, 설시참신도"라고 했다. "입은 재앙을 부르는 문이요. 혀는 몸을 베는 칼"이니 말을 삼가 잘 사용해야 한다는 것이다.

다음은 날카로운 칼과 같은 격언과 속담들이다.

해야 할 말을 하지 못해 후회스러운 일이 백 가지 중 하나라면
하지 말았어야 할 말을 해버려 후회스러운 일은 백 가지 중 아흔아홉이다.
-톨스토이

관 속에 들어가도 막말은 말라.
-격언

말이 고마우면 비지 사러 갔다가 두부 사 온다.
-속담

언어의
입맞춤

말에는 세금이 없다.

-일본 속담

듣기 좋은 말은 아직도 무료이다.

-영국 속담

고르고 고른 고운 언어

'음식은 먼저 눈으로 먹는다.'고 하는 말은 먹고 싶은 마음이 들도
록 정성이 들어 있어야 함을 의미한다. '국민배우'라는 호칭이 잘 어
울리는 영화배우 안성기 씨는 좋은 인품을 가진 것으로도 알려져 있
다. 그는 체질적으로 화를 낸다거나 누구를 미워한다거나 부정적인
표현을 못한다고 한다. 그러자 진짜인지를 알고 싶어 기자가 물어봤
다고 한다. '너무 미운 행동을 하는 사람이 있어 화가 나서 하는 표현
이 있다면 무엇입니까?'

그는 딱 한 마디를 했다고 한다.

'이러시면 곤란합니다.'

오늘부터 우리도 일상적으로 쓰는 말 중에 과격한 표현들이 있다

면 쓰지 않기로 하자. 날카로운 칼로 베이면 상처에 약을 바르면 낫지만 말로 베인 상처는 약도 없고 흔적도 오래 남는다. 쓰지 말아야 할 언어들을 몇 가지 소개하자면 이렇다.

> 꼴 때린다, 웃기네, 짜증나네, 지겨워 죽겠네, 미치고 팔짝 뛰겠네, 딱 질색이야, 새끼, 놈, 자식, 제까짓 게 뭐라고, 구제불능이야, 더 이상 어떻게 해볼 도리가 없는 것 같아, 미쳤어, 어디가 좀 아픈 사람 같아, 재밋대가리, 맛대가리, 대가리, 돼지같이, 곰같이, 걸림돌, 낡은, 늙은, 병든, 눈이 단춧구멍만한, 입은 하마같이 크고, 얼굴은 말상, 키는 작아서, 뚱뚱한, 성격 독종이야, 지랄 맞다, 죽을 맛이야, 병신 등

이처럼 뾰족한 말들을 갈고 닦아 부드러운 언어로, 곱고, 예쁜 말씨로 바꾸어 사용해야 한다. 그리고 긴 삶의 여정 중에 적절히 생기와 활력을 불어넣어 주어야 한다. 고르고 고른 고운 언어로 바꾸어 표현하자. 바꾸지 않고 무심히 던진 한마디, 비교의 말에 상대방의 마음 깊은 곳에 상처를 내는 일이 생기게 된다. 대신 이런 표현을 써야 한다.

> 좋다, 좋겠다, 아름답다, 복도 많으세요, 정말 반하겠어요, 환상 자체라니까요, 뭐라고 표현을 할 수가 없네요, 걱정 마세요, 대

언어의
입맞춤

단하세요, 힘들지만 힘내세요, 기도 열심히 할게요, 상심이 크시 겠습니다, 저도 기도하겠습니다, 얼마나 놀라셨습니까, 멋져요, 덕분에, 음식이 맛있다, 잘 어울린다, 부자 되세요, 덕분입니다, 잘될 것이다.

고운 언어는 세상에서 가장 좋은 선물이다. 그러므로 잘 골라 쓰면 기적을 만들고 상처를 치유하는 힘이 된다.

뿌린 말씨

나는 평소 이해인 시인을 존경하고 그의 시를 좋아한다. 그의 시를 접하면서 언어생활을 바꾸기로 결단했기에 말이다. 그의 많은 시 중에 〈말의 빛〉이라는 시에는 "'사랑합니다.'라는 말은…… 억지 부리지 않아도 하늘에 절로 피는 노을 빛. '고맙습니다.'라는 말은…… 내가 싱그러워지는 빛. '용서하세요.'라는 말은…… 나를 비우려고 내가 작아지는 빛."이라는 표현이 나온다. 또 그의 시 〈말을 위한 기도〉에는 무심코 뿌린 말의 씨에 대한 시구가 있다. 우리가 뿌려 놓은 말의 씨들이 소멸되는 것이 아니라 어디선가 자라고 있다는 것이다.

내가 이 세상에 태어나
수없이 뿌려 놓은 말의 씨들이
어디서 어떻게 열매를 맺었을까
조용히 헤아려 볼 때가 있다.

가장 고운 어휘 늘리기

나는 쾌적한 커피숍에서 책을 읽고 글을 쓰는 것을 즐긴다. 한번은 중년남성 네 명이 들어와 옆에 자리를 잡더니 시작부터 '야 씨ㅇ.', '너 씨ㅇ.', '씨ㅇ이다.' 하며 막말로 대화를 하는 것이다. 그들은 깊이 생각지 않고 거친 말과 욕설을 뱉어냈다. 그 공간의 분위기는 이내 거칠고 삭막해졌다. 그때 언어의 품격에 대해 글을 정리하고자 결심하게 되었다.

- 한결같이 겸허하고 고운 언어, 품위 있는 말씨를 어떻게 일상의 언어 생활로 사용할 수 있을까?
- 어떻게 하면 말을 신중을 기해 쓸 수 있을까?
- 부정적인 말보다는 긍정적인 말을 더하게 할까?
- 언어의 질을 높여서 삶의 질을 향기롭게 높일까?

언어의
입맞춤

- 한 사람의 입에서 나온 말은 그 사람의 인격을 드러내는 작품이라는 것을 알려 줄 수 있을까?
- 남을 깎아내리고 무례하고 오만하며 이기적인 말, 천박하고 상스러운 말을 입에 담지 않을까?

한 가지 대안으로, 많은 생각과 경험을 통한 방법을 알려 주고자 한다. 먼저 매일의 깊은 언어생활을 갖는 것이다. 말을 사용할 때 매사에 이기적이고 내 생각만이 옳다고 고집스레 우기는 말을 사용하지 않는 것이다. 깊은 생각을 통해 고르고 골라 겸손하고 고운 최종의 어휘를 찾아놓고 말을 만들어 사용하는 것이다. 말씨를 순화시켜 고운 언어로 솔직하게, 부드럽게 말하는 것이다. 그래서 나는 고운 언어를 사용하기 위한 어휘 노트를 준비하여 적고 언어생활에 사용한다.

고운 말씨

늘 마음 씀씀이가 어질고 너그러운 사람에게 어떻게 언어를 표현해 주면 좋을까? 이런 말은 어떨까.
'호인이세요, 인품이 좋으세요, 어쩌면 그렇게 맘씨가 비단결 같으세요, 바다를 닮은 마음이세요.'

또 목소리가 듣기 좋고 아름다운 사람에게는 어떻게 표현하면 좋을까?

'마치 노래를 듣는 것 같아요, 음성이 예술입니다, 성우나 아나운서 같으세요.'

다음으로, 아름다운 여성에게는 단순히 '미인이세요.' 하기보다는 비유적 표현을 써서 '장미 한 송이를 보는 것 같아요, 호수에 우아한 백조 같아요.'

그리고 모든 분야에 박학다식한 사람에게는 '마치 움직이는 백과사전 옆에 있는 것 같아요.'

사과의 언어도 능숙하면 좋겠다. '제 잘못입니다, 실수를 인정합니다, 잘못을 사과드립니다.'

무언가 실수하거나 판단을 잘못했을 때, 변명보다는 솔직하게 인정하는 것이 더 좋다. 그리고 모르면 모른다고 말하는 것이 현명하다. 나의 착오나 부족함을 '미안합니다, 죄송합니다.' 하고 고백한다. 자신의 부족한 면이 많은 사람이라고 표현하면 인품이 훌륭하다고 평가받게 된다. 절로 겸손의 덕을 세우는 계기가 된다.

이해인 시인의 시 〈나를 키우는 말〉에는 '행복하다, 고맙다, 아름답다고 말하는 동안은…… 좋은 말이 나를 키우는 걸 나는 말하면서 알았다.'고 하는 시구가 있다. 여는 글 시작에 '호수에 돌을 던지면 파문이 일듯이 말의 파장이 운명을 결정짓는다.', '오늘은 어제 사용

언어의
입맞춤

한 말의 결실이고 내일은 오늘 사용한 말의 열매다.'는 글귀가 있다.
고운 말은 파장을 일으킨다는 것이다.

'수녀님, 이렇게 좋은 고운 말씨를 알려 주셔서 감사합니다.'

당신을 사랑합니다

오래전, 나에게 언어의 기적을 경험케 해주신 분께 이 지면을 빌어
감사드린다. 세 마디 말의 가치를 가르쳐 주셨다.

"나는 당신을 사랑합니다."

사랑의 표현을 듣는 것보다 사랑하는 사람을 행복하게 해주는 것
은 없다. 아주 가까운 사람들에 대해 사랑을 느끼지만, 그 사랑을 바
로 표현하기란 어렵다. 그래서 말로 하는 표현 말고도 몸짓언어나
문자 메시지 등으로 사랑하는 마음을 표현하곤 한다. 대부분의 사람
들은 자신에 대한 사랑을 고운 언어로 표현해 주기를 바라고 있다.

나는 전형적으로 사랑의 표현을 잘 못 하는 남성으로, "당신을 사
랑한다."라고 말하는 것을 매우 거북스러워하는 사람으로 자랐다.
내가 어떤 감정을 가지고 있으면서 "당신을 사랑한다."라고 말하는
것은 참으로 어려운 일이었다. 사랑하는 마음을 표현하는 데 곤란을
느끼는 것은 나의 감성의 성품이 굳어져 변화되지 않았기 때문이

다. 그래서 나는 결심을 했다. 의도적으로 강의를 할 때 과감하게 '여러분을 사랑한다.'라는 말로 인사를 하고 시작한다. 첫 마디는 '사랑합니다.'로 시작한다. 그래서 지금은 '사랑합니다.'라는 말을 잘 사용한다.

하루에도 10번씩 반드시 들어야 할 말

하루에도 10번씩 반드시 들어야 할 말이다.

'사랑합니다.'

사랑을 표현하는 것은 왜 그렇게도 중요할까? 여러 이유가 있겠지만, 사랑의 표현은 가까운 관계에 있는 사람들의 친밀함을 계속 유지시켜 주는 접착제이기 때문이다. 또 하나의 이유는 사람이 감정을 풀어 표현하지 않으면 신체적으로, 심리적으로 건강할 수 없다. '사랑합니다.' 하고 말할 때 "옥시토신"이라는 좋은 호르몬이 분비된다는 것을 알고 있는가?

반대로 사랑을 고백하지 못하면 노화가 촉진된다. 사랑의 표현을 듣지 못하고 자라면 우리 자아에서 생성하는 좋은 감정이 발육되지 못해 사랑을 받을 수도, 표현할 수도 없다.

김종웅의 〈행복은 물 한 잔〉중에 보면 마라스머스(Marasmus)라는

언어의
입맞춤

병이 있다고 한다. 생소한 병명이지만, 이 병은 사랑결핍으로 생기는 병인데, 고아, 결손가정의 아이들에게 특히 잘 생기는 희귀병이며 시름시름 앓다가 몸이 쇠약해져서 죽어가는 병이라 한다. 사람과 사람이 사는 공동체의 사회에서 사랑결핍으로 인해 죽어가는 것이다.

누구든 먼저 사랑한다는 표현을 하지 않으면 소통은 점점 더 어려워지게 된다. 사랑의 언어를 표현하지 않는 사랑의 관계는 있을 수 없다. 사랑의 표현을 들어야 할 사람들이 듣지 못한다면 그것은 비극이다. "나는 당신을 사랑해요"라는 말을 한 번도 듣지 못하는 가족을 생각해 보았는가.

함께 일하는 동료들에게 "사랑합니다."라는 말을 얼마나 자주 사용하는가?

만약 내가 "참 잘했다.", "자랑스럽다.", "사랑한다.", "고맙습니다."라는 말을 한 번도 듣지 못하고 생활하고 있다면, 나의 인품은 과연 어떠한 것일까?

어쩌면 따뜻하고 부드러운 감정을 표현할 수 없는 기능을 잃은 장애로 살아갈 수 있다.

고운 언어를 잘 쓰려면

말실수를 줄이기 위해서는 고르고 고른 고운 언어를 미리 연습하고 사용해야 한다. 평소 국어사전이나 시집, 에세이집을 곁에 두고 자주 어휘와 고운 말을 찾아본다. 그리고 은유와 직유 등 다양한 수사법으로 가득한 시집들을 읽으며 좋은 단어나 문장을 되새기어 읽는다. 또 글쓰기 어휘 노트나 일기장을 준비하여 단어를 모으고 기록해본다. 매일 나름의 창작의 글을 쓴다. 매일의 읽고 글쓰기가 고운 언어를 잘 쓰는 사람으로 키워준다.

상대방의 말에 공감하기

상대방의 말에 추임새를 넣으며 적절하게 맞장구를 치는 것은 대화를 한결 윤택하고 활력 있게 해준다.

'오! 어쩌면, 알겠어요, 네 그렇군요, 와, 그 분야의 전문가시네요, 저런, 참 어이가 없었겠네요, 정말, 뒷얘기가 궁금한데요, 그런 일이 있었군요, 그러셨어요, 세상에, 저런, 좋아!'

언어의
입맞춤

언어의 의외성

관습적이지 않은 표현을 구사할 수 있으면 표현이 한결 신선해진다. 언어의 의외성은 대화에서 무료함을 밀쳐내고 차별화하여 듣는 사람의 주목을 이끌어낸다. 상대방이 '앗!' 하고 무릎을 칠 수 있을 정도의 의외성이 있는 언어를 구사하도록 순발력과 어휘력을 키워보자.

해야 할 말을 하지 못해 후회스러운 일이 백 가지 중 하나라면
하지 말았어야 할 말을 해버려 후회스러운 일은 백 가지 중 아흔아홉이다.

Tolstoy, Leo Nikolaievitch.

12

건강의

언어

장수의 언어

《내셔널 지오그래픽》 2005년 11월호에선 '장수의 비결'을 특집으로 다루었다. 장수하는 세계인들을 소개하며 장수의 비밀 중 하나로 '건강한 언어생활'에 주목하였다. 나는 100세 장수를 뛰어넘어 120세까지 장수할 수 있는 비결을 알려주고자 한다. 그대로 따라 하면 수명이 늘어날 것이다. 장수와 언어는 밀접한 관계를 갖고 있다.

먼저, 낙천적인 사고를 가져야 한다. 그러면 수명이 7-10년은 더 늘어난다. 알다시피 낙천적인 사람은 면역력이 강하여 병에 잘 걸리지 않는다. 한 연구에 따르면, 낙천적인 사고방식을 갖고 사는 사람은 협심증, 심장마비 등 심장질환에 걸릴 확률이 매우 낮다고 한다. 또한 자존감을 높이고 자신을 비하하지 않으면 수명이 5년 정도 늘어난다고 한다. 요양원 환자들을 대상을 연구했더니 몸의 건강 상태가 비슷하더라도 자존감이 높고, 우울한 감정을 적게 느끼는 사람이 더 오래 산다는 결과가 나왔다.

긍정 언어

생각을 바꾸자. 우리 마음속에 품은 생각의 능력은 엄청나다. 의학자들은 심장, 폐, 지적 활동을 한꺼번에 멈추게 할 수 있는 화학 물질을 뇌에서 생성할 수 있음을 발견했다. 또 정신과 신체건강이 매우 밀접하게 연관되어 있음을 알아냈다.

맥 밀런 박사는 궤양, 고혈압, 뇌졸중을 포함하여 신체에 나타나는 질병들이 다른 사람에 대해 품은 증오나 분노와 연관이 있다는 것을 발견했다. 그는 "수많은 사람들의 사망증명서에 사망 원인을 '적대감'으로 기록해야 한다."고 주장했다.

사람을 미워하거나 증오하는 순간, 신체에 많은 스트레스 호르몬을 만들어낸다. 그러므로 행복하고 건강하게 살고 싶으면 좋은 생각을 하며 증오와 분노를 피하고 절대 긍정의 언어를 사용해야 한다.

말 한마디

말은 신체건강에도 영향을 미친다. 그래서 긍정적인 말 한마디는 듣거나 생각만 해도 사람들에게 활기를 주고 웃음을 주며 넘치는 에너지를 준다. 반면 부정적인 단어는 떠올리기만 해도, 사람들을 불안하게 하거나 화가 나게 하고 분위기를 어둡게 만든다.

다음의 물음에 주목하고 깊은 생각을 해 보자.

> 사람들이 이혼하는 이유 1위가 무엇일까? 〈성격차이, 언어폭력〉
>
> 전쟁, 싸움, 다툼, 분열, 갈등을 야기시키는 이유 1위는? 〈말〉
>
> 암에 직접적으로 영향을 주는 요인 1위는? 〈스트레스〉

국립노화연구소에서는 말이 신체건강에도 영향을 미친다는 연구결과를 발표했다. 60세가 넘은 노인들에게 각각 상반되는 의미의 말을 건넸을 때 나타나는 반응에 대해 살펴보았다.

먼저 노인들에게 "할아버지 노망났어!", "에구, 인제 다 늙어빠졌네!" 등의 말과 '느린, 늙은, 시든, 구닥다리' 등 노인들에게 늙었고, 기억력이 없다는 등의 말을 하여 신체적 반응을 살폈다. 그 결과 신체적으로나 심리적으로 매우 불쾌한 반응을 보였다. 혈압이 올랐고 피부가 붉으락푸르락하며 신경질적인 반응이 자주 나타났다. 따라서 노화현상이 더 빨라지는 현상을 발견했다.

이번에는 반대로 "당신은 정말 사려 깊군요.", "정말 현명하세요!", "피부가 너무 고와요!", "건강하십니다." 등의 말과 '친절, 용기, 교양 있는, 분별력 있는, 경험이 많은' 등의 말을 해주자 이들의 노화현상이 더디었고 혈압, 심장박동 등이 안정되었고 장수하게 되었다는 것이다.

구구팔팔(9988) 이삼사(234)

하루야마 시게오의 '뇌내혁명', '다이어트 혁명'은 일본에서 베스트셀러가 된 책이다. 시게오는 의사로서 긍정적인 사고를 유발시켜 뇌내 모르핀을 분비해 다이어트 혁명이 가능하다는 것이다. 즉, 뇌를 속이거나 행복한 감정에 사로잡힌 것처럼 생각을 바꾸면 뇌에서 좋은 호르몬이 나와 건강을 유지해 준다는 원리다.

시게오는 "좋습니다. 될 것입니다. 할 수 있습니다."라는 긍정적인 말을 계속하여 생각하고 되뇌면 뇌에서 좋은 호르몬을 분비시켜 건강 증진에 도움을 준다고 주장했다. 이 지침에 따르면 120년 이상은 거든히 장수하며 살 수 있다.

이런 말이 있다. 인생에서 30세까지는 준비운동 기간이고, 55세는 전반전을 끝낸 상황, 그리고 85세는 후반전이며, 100세는 연장선이다.

나는 "9988 234"라는 말로 인사를 나눈다. '99세까지 팔팔(88)하게 살다가 2,3일 아프다 죽기(4)를 희망하는 사람'이라는 의미다.

"9988 234"로 멋진 인생을 위해서는 끊임없는 연습과 훈련을 통해 의식을 바꾸어야 한다.

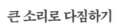

큰 소리로 다짐하기

다음의 간단한 원리를 실천하고 꾸준히 반복한다면 당신의 꿈은 반드시 현실로 된다. 믿고 그대로 실천하자. 질병이나 아픔을 향해, 자신의 꿈을 실현시킬 수 있음을 믿고 큰 소리 내어 다짐하자.

말에는 힘이 있어 우리 몸에 행복 호르몬을 분비케 한다.

그러므로 성공을 부르는 문장을 만들어서 매일 5분 이상 큰 소리로 반복하면 꿈을 끌어당길 수 있다. 성공할 수 있는 쉽고 빠른 방법 중 하나다.

> "그냥 해봐, 힘 내, 할 수 있어, 다 잘될 거야, 이제 도전할 때야, 오늘이 기회다!"

성공을 부르는 문장을 만들어서 큰 소리로 반복하자.

선언문

나는 사람들 중에서 가장 훌륭하고 좋은 사람들을 만날 것이다.

세상의 모든 사람과 사물이 내 앞으로 오고 있다.

하나님은 오늘도 나를 성공으로 이끌어 주고 있다.

나는 경제적인 궁핍과 빚더미 속에서 벗어날 것이다.

건강의
언어

나에게는 충분과 힘과 건강이 있다.

나는 행복한 사람이 될 것이다.

나는 반드시 뛰어난 오너가 될 것이다.

나는 성공할 것이다.

매일 아침 직원들과 함께 외치기

기분이 좋다.

상쾌하다.

날아갈 것 같다.

좋은 일만 있을 것이다.

당신, 참 좋다.

아름답다.

건강하다.

행복하다.

다음 아래에 자신이 다짐하는 내용을 글로 적고 큰 소리로 외쳐보자. 반복하여 실천하면 분명 병이 나음과 회복, 치유와 고침은 물론 당신의 꿈이 이루어지게 된다.

반드시 이겨낼 것이다.

나는 꼭 행복과 부와 건강을 누리게 될 것이다.

나의 꿈은 현실이 된다.

_____

_____

_____

건강의
언어

13

제1의

사랑의

언어

제1의 사랑의 언어

나는 얼마나 많은 사랑의 언어를 사용하는가?

> 말에는 재갈이 있고,
> 배에는 키가 있다.
> 그리고 자동차에는 핸들이 있고,
> 비행기에는 조종핸들이 있다.
> 그러면 이들의 공통점은 무엇일까?
> 모두 방향을 잡아준다는 것이다.

그렇다면 인생의 핸들은 무엇일까? 바로 제1의 사랑의 언어이다.
우리 인생은 말하는 대로, 사용하는 언어대로 돌아간다.

심리학자 에리히 프롬(Erich Fromm)은 사랑의 언어는 저절로 되는
것이 아니라 배우고 익혀야 할 기술이라고 말한다.

당신의 제1의 사랑의 언어가 무엇인지를 적어 보자.

(   )

당신은 사랑의 언어를 유창하게 구사하고 있는가, 자주 사용하는 그 제1의 사랑의 언어를 적어 보자.

(   )

너를 사랑해

캘리포니아의 어느 오렌지 재배 농장에서는 오렌지를 심어 놓고 매일 아침 밭을 지날 때마다 "내가 너를 사랑한다. 참 예쁘다. 너무나 잘 자란다. 정말 고맙다."고 칭찬을 한다고 한다. 햇빛과 물, 바람과 양분 외에도 사랑의 언어를 듣고 자란 오렌지는 해충피해도 거의 없고 병도 들지 않고 건강하게 자란다고 한다. 오렌지도 칭찬하고 사랑해 주면 잘 자라는데 하물며 감정의 동물이라는 사람은 말할 필요가 있을까.

뮤지컬 〈오페라의 유령〉의 제1막의 마지막 장면에서는 선천적으로 괴물과 같은 외모를 지니고 태어난 팬텀(얼굴이 흉측하다는 이유로 학대를 받아 열등감에 가득 찬 주인공)이 반지를 되돌려주려 온 크리스틴에게 사랑을 고백하는 장면이 나온다. 이 오페라의 각본, 연출, 음악을 비롯한 모든 것은 "나는 너를 사랑해."라는 고백 한마디에 집약되어 있다.

〈5가지 사랑의 언어〉 저자이며 미국의 교육심리학자 개리 채프먼에 따르면 사람들은 서로 다른 사랑의 언어를 구사한다고 한다. 그는 사랑의 언어를 크게 5가지로 분류하는데, '인정하는 말, 함께하는 시간, 봉사, 선물, 육체적인 접촉'이라고 말한다.

사랑의 언어를 배우기란 쉽지 않다. 누구에게나 어렵기 때문에 시행착오를 겪으면서 배우는 것이 최상의 방법이다. 사랑의 언어는 외국어처럼 열심히 배워야 한다. 특히 제1의 사랑의 언어를 사용하고 표현하려면 관심을 갖고 연습하고 배워야 한다.

내가 사용하는 사랑의 언어는 사람들의 마음에 가 닿고 반응을 일으키는지, 사람들을 끌리게 하고 편안함을 주는지 생각해보자.

말이 끌려야 사랑의 관계를 더 깊게 가질 수 있다.

스포츠 선수들이 외국의 프로팀에 입단하여 첫 번째로 부딪히는 장벽은 기술이 아닌 언어의 장벽이라고 한다. 그래서 훈련 못지않게 언어를 배우는 것을 최우선으로 한다. 언어의 장벽을 뛰어넘지 못하고 소통할 수 없으면 자신의 잠재된 능력을 최대한으로 발휘할 수 없다. 사랑의 언어 역시 외국어처럼 적극적으로 이해하고 배워 익숙해져야만 하는 것이다.

오늘부터 충분한 시간을 갖고 5가지 사랑의 언어를 배우도록 하자.

제1의
사랑의 언어

세심한 관찰 언어

누군가 나를 인정하고 격려해주는 말이 얼마나 큰 힘이 되는지를 누구나 몇 번 쯤은 경험한 적이 있을 것이다. 적절한 사람이, 적절한 때, 적절한 말을 해주는 것은 상황을 반전시킬 때가 많다.

미국의 소설가이며 시인인 마크 트웨인은 "나는 한 번 칭찬을 받으면 두 달간은 잘 지낼 수 있다."고 말했다.

진심 어린 칭찬과 인정하고 격려하는 말은 제1의 사랑의 언어다. 이는 얄팍한 아부의 말을 뛰어넘는 삶의 자양분 역할을 한다. 사랑의 언어는 말뿐만 아니라 눈과 귀, 집중 그리고 그 이상의 것이 필요한데, 바로 세심한 관찰이다.

인정하고 격려하는 말을 유창하게 구사하기 위한 연습으로 제1의 사랑의 언어를 아래의 빈 칸에 적어보자. 먼저 상대에 대해 관찰한 것을 적고 인정해주는 문구를 만들어 본다. 공감의 관점으로 보는 것이 중요하다. 여기엔 필히 용기가 있어야 하고 적었으면 그 말을 전하자.

나의 제1의 사랑의 언어

_____

_____

_____

_____

_____

과녁 언어

사랑의 언어를 화살이라 상상하며 아래 과녁에 쏘아보자. 어떤 말이 과녁의 중심(10점 만점)에 명중할까? 나의 제1의 사랑의 언어가 화살이다. 지금 힘껏 당겨 쏘아보자.

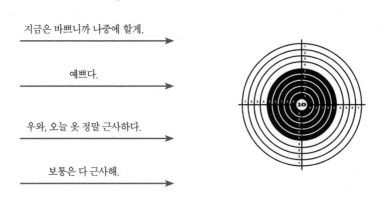

지금은 바쁘니까 나중에 할게. →

예쁘다. →

우와, 오늘 옷 정말 근사하다. →

보통은 다 근사해. →

제1의
사랑의 언어

"예쁘다."는 두루뭉술하게 말하는 것이다. "그렇게 옷을 입는 것이 훨씬 젊어 보이고 보기 좋더라."는 식으로 구체적으로 말을 해야 과녁 중심에 명중시킬 수 있다. 칭찬을 하되 구체적으로 말하는 습관을 들이자. 평상시 관찰을 통해 구체적으로 인정해주며 격려의 말을 한다. 구체적인 상대의 재능과 장점을 찾아서 칭찬의 말을 해보자. 그리고 감사의 말을 많이 표현하자. 과녁의 중심에 명중이 될 것이다.

사랑의 언어 비교표

사랑의 언어를 비교해보고 나의 제1의 사랑의 언어가 무엇인지, 어떤 사랑의 언어가 부족한지 나누어 보자. 부족한 사랑의 언어는 어떻게 채울지 깊게 생각해보자.

(다음 페이지에서 각각의 점수를 이어서 선을 만들어보자.)

인정하는 말 10

스킨십 10   **함께하는 시간 10**

1

봉사 10   **선물 10**

제1의
사랑의 언어

14

사랑의 ──────

외국어 ──────

서로 사랑하자

버클리 대학 연구팀은 쥐와 사랑에 관한 재미있는 실험을 했다.

세 그룹의 흰쥐에게 각각 조건을 달리하여 먹이를 준다.

A 그룹의 한 마리 쥐에게는 혼자서 마음껏 먹도록 했다.

B 그룹은 다섯 마리의 쥐를 모아놓고 먹이를 주어 다섯 마리가 서로 몸을 부대끼며 다투어 먹게 했다.

C 그룹의 한 마리 쥐에게는 사람이 직접 먹이를 먹여 주면서 '예쁘다, 사랑스럽다, 잘 먹는구나.' 하고 칭찬했다. 실험이 끝났을 때 어떤 결과가 나왔을까?

실험결과 보기

A 그룹 | 혼자 먹던 쥐는 뇌의 크기가 작아지고 뇌세포 활동이 둔해지며 600일을 살고 죽었다.

B 그룹 | 먹이를 두고 다투며 부대끼던 다섯 마리의 쥐는 A 그룹의 쥐보다 뇌의 활동이 활발했다. 700일을 살고 죽었다.

C 그룹 | 사람이 먹이를 먹여주고 칭찬해주며 돌본 쥐는 세 그룹 중 가장 활발한 세포활동을 보이며 950일을 살았다. 뇌의 무게도 가장 무거웠다.

상호작용이 아예 없었던 A 그룹, 상호작용이 있었으나 경쟁과 다

사랑의
외국어

툼만 있던 B 그룹, 긍정적인 사랑의 언어를 받은 C 그룹의 사례를 보자.

긍정적인 에너지는 뇌의 활동과 수명을 좌우할 정도의 엄청난 힘을 발휘한다.

사랑의 한마디

사람들은 참으로 말을 쉽게 하는 경향이 있다. 한마디 말이 비수가 될 수도 있음을 크게 생각지 않는 듯하다.

언어는 보이지 않는 강력한 힘이 있어서 누군가의 평생을 지탱할 수 있는 뿌리가 될 수도 있다.

한 여학생의 일화가 있다.

집에서는 엄마로부터 '바보!'라는 말과 오빠로부터 '뚱보!'라는 말을 듣고 지낸다. 그러다 보니 학교생활에서 크게 자신감을 잃게 된다. 그러다 6학년이 되면서 이 여학생은 새로운 담임선생님으로부터 강력한 힘이 되는 사랑의 한마디를 듣게 된다

"너 눈이 초롱초롱 하구나.", "참 똑똑하구나!", "잘하는데!" 등 격려의 말이었다.

대단하지 않은 말일 수 있지만 이 여학생은 담임선생님의 긍정적

인 말에 새롭게 힘을 얻을 수 있었다. 매사에 자신감이 생기고 공부에도 집중할 수 있었다. 성적은 점차 올랐고, 훗날 대학을 수석으로 입학했다.

자신을 지켜봐주는 이의 진심 어린 사랑의 한마디가 한 사람의 인생을 성공적인 방향으로 바꿨다. 한 사람의 잠재된 무한한 가능성을 발견하게 하는 것이다. 이토록 능력 있는 말을 어떻게 사용할지는 우리의 몫이다.

으뜸의 언어

성경에서는 인간의 삶에서 가장 중요한 세 가지로 '믿음, 소망, 사랑'을 꼽는데 이 가운데서도 으뜸은 '사랑'이라고 말한다.

'그런즉 믿음, 소망, 사랑, 이 세 가지는 항상 있을 것인데 그중의 제일은 사랑이라.' -고린도전서 13장 13절

독일의 대문호 괴테는 '사랑'이라는 말을 이렇게 노래했다.

우리는 어디서 태어났는가.

사랑에서.

우리는 어떻게 멸망하는가.

사랑의
외국어

사랑이 없으면.

우리는 무엇으로 자기를 극복하는가.

사랑에 의해서.

우리를 울리는 것은 무엇인가.

사랑.

우리를 항상 결합시키는 것은 무엇인가.

사랑.

사랑이 차고 넘치면, 사랑을 많이 가지고 있으면 자꾸 무엇인가를 만들어주고 싶은 것이다. 나누고 싶은 것은 사랑의 속성이기 때문이다.

세 명의 자녀를 모두 잘 키운 한 여인이 있었다.

한번은 어떤 사람이 그 여인에게 물었다.

"세 명의 자녀 중 누구를 가장 사랑했나요?" 그러자 여인은 웃으며 대답했다.

"셋째가 병들었을 때는 셋째를 가장 사랑했어요. 둘째가 집 떠나 방황했을 때는 둘째를 가장 사랑했고요. 첫째가 이성문제와 학교성적 때문에 괴로워할 때는 첫째를 가장 사랑했지요."[5]

---

5 김천일, 나의 친구를 위한 기도, 청우 침조.

멍! 멍! 멍!

　어느 날 하나님을 믿는 한 마리의 쥐가 친구 쥐를 방문하기 위해서 집을 나섰다. 그런데 그만 중간에 고양이를 만나고 말았다. 이리저리 피하고 도망을 다니다 결국 막다른 골목까지 오게 되었는데, 이 절체절명의 순간에 이 쥐는 오늘 아침 예배 중에 들었던 말씀이 생각났다.

　'하나님께서는 감당할 시험을 주시며 능히 피할 길을 주신다.'

　이 쥐는 하나님께 간절히 기도했다. 그러자 놀랍게도 하나님께서 기도에 응답을 해주신 것이다. 쥐는 순간 하나님이 주신 생각으로 알고 고양이를 향해 목이 터지라고 '멍!, 멍!, 멍!' 하고 외쳤다. 놀란 고양이는 도망을 가고 말았다.

　쥐는 위기의 순간을 넘기고 집에 돌아와 오늘 일어났던 자신의 이야기를 자녀 쥐들에게 들려주었다. 그러고 난 후 마지막으로 한마디를 덧붙였는데 무엇인지 아는가?

　"현대 사회에서 살아남으려면 외국어 한마디 정도는 할 줄 알아야 해."

　예로 든 우화는 우스갯소리지만, 위기극복을 위한 외국어 정도는 익혀놓는 것이 좋다. 내가 말하는 외국어란 모국어가 아닌 다른 나라의 언어만을 가리키는 것이 아니다. 타인과의 대화를 위한 언어를 외국어라 할 수 있다. 자꾸 사용해야 말이 늘듯 타인의 언어로 대화하는 것도 연습이 필요하다.

또 하나의 예를 보자.

서울에 살던 아가씨가 결혼과 동시에 지방으로 오게 되었다. 일상 언어가 익숙지 않아 고생하던 중에 그녀를 가장 곤혹스럽게 하는 것이 있었다. 시부모님들이 심부름을 시킬 때 어떤 상황이든 '거시기 좀 가져와라.' 하는 것이었다. 그녀가 상황에 따라 '거시기'의 맥락을 이해하는 데는 무려 3년이 걸렸다고 한다.

위의 사례들이 어찌 외국어가 아니겠는가? 이렇게 제대로 배우지 않으면 터득하기 힘든 것이다. 그렇기에 언어는 끊임없이 배워야 하는 것이다.

5가지 언어

기독교 심리학자 게리 채프먼은 배우자 간에는 5가지의 언어가 있다고 말하고 있다.

• 인정하는 말

- 함께 하는 시간
- 선물
- 봉사
- 육체적인 접촉(스킨십)

만약 자신의 배우자가 "난 도무지 잘하는 것이 없어!" 하고 스스로를 비하한다면 이때 필요한 사랑의 언어는 무엇일까? 바로 '인정하는 말'이다.

자신감이 없는 사람에게는 인정하는 말을 해주는 것이 사랑의 언어를 적절하게 사용하는 것이다. 식사 후에 "역시 당신 음식이 최고야!", "이번 일은 참 잘했어요.", "당신 훌륭해!", "효과적이었어." 등이 인정 언어다.

좋은 물건을 보면 배우자를 생각하며 선물을 하는 것 역시 사랑의 언어다. 이것은 만국의 공통어라고 할 수 있다. 가격은 상관없다. 마음이 담긴 사랑의 선물을 준비해보자.

이번에는 봉사의 언어를 알아보자.

배우자가 "베란다에 있는 짐을 어떻게 정리해야 할지 엄두가 안나." 라고 말한다면 그 짐을 함께 옮기고 정리하는 것이 사랑의 언어다.

쓰레기를 버리고, 청소를 하고, 설거지를 같이 하는 일은, 둘이 함께 사는 집을 함께 돌본다는 의미를 전달하는 사랑의 언어인 것이다.

함께하는 시간도 언어다. 서로 규칙적인 대화의 시간을 갖고 속마

사랑의
외국어

음을 진솔하게 터놓는 것은 오해를 만들지 않고 불평을 쌓아두지 않게 한다.

소통은 혈액순환과도 같다. 늘 흘러야 하는 것이다.

다음으로, 신체적인 접촉은 강도가 센 사랑의 언어다. 몸에 손을 대는 것은 인격에 손을 대는 것이다. 손을 잡는다는 것은 친근감을 전한다. 미소를 짓고, 다정하게 어깨를 두드리고 포옹을 나누는 것은 말이 없어도 따뜻함을 전달할 수 있는 언어다.

위의 5가지 사랑의 언어를 자주 사용하면 행복한 삶을 누리게 된다. 상대방이 원하는 사랑의 언어로 대화하자.

사랑 탱크

당신은 얼마나 자주 사랑의 말을 하고 있는가?

건물마다 물탱크를 두어 물을 채워두듯이, 사람에게도 저마다 '사랑 탱크'라는 저장소가 있어 채워야 한다. 이 탱크 안에는 항상 사랑과 관심, 인정, 스킨십, 선물, 함께하는 시간 등으로 채워져야 한다. 만약 바닥이 나면 어떻게 전개될지 알 수 없다.

지금 상대방이 사랑 탱크가 텅 비어 있다면 서둘러 채워줄 수 있도록 하자. 이 탱크를 채울 수 있는 가장 좋은 방법은 사랑의 언어로 채우는 것이다.

혀의 권세

이스라엘 역사에서 제3대 왕으로서, 기원전 971년부터 931년까지 유다와 이스라엘의 민족을 다스린 왕 솔로몬은 지금까지도 '지혜의 왕'이라 불린다. 그가 쓴 잠언은 지혜서라고도 부르는데, 아래는 잠언의 대표적인 구절 중 하나이다.

"죽고 사는 것이 혀의 권세에 달렸나니 혀를 쓰기 좋아하는 자는 그 열매를 먹으리라."-잠언 18장 2절

우리 속담으로 말하면 말이 씨가 된다는 의미다.

5가지 사랑의 언어 테스트[6]

각각의 문항을 읽고 자신과 가장 가까운 항목에 체크해보자. 총 30

---

6 5가지 사랑의 언어, 게리 채프먼, 역 장동숙, 황을호, (생명의 말씀사), pp. 241-249 부록 참고함.

사랑의
외국어

개의 문항으로 되어 있으며, 각 쌍의 진술문에서 가장 가까운 문항을 선택한다. 선택을 마친 후에는 처음으로 돌아가서 A, B, C, D, E가 각각 몇 개씩인지 계산하여 설문지 끝에 적는다.

- 나는 상대로 부터 인정받는 말을 듣는 것을 좋아한다. A
  나는 상대가 안아주는 것을 좋아한다. E

- 나는 상대와 단둘이 보내는 시간을 좋아한다. B
  나는 상대가 실질적인 도움을 줄 때 사랑을 느낀다. D

- 나는 상대에게 선물받는 것을 좋아한다. C
  나는 상대와 함께 산책하는 시간을 좋아한다. B

- 나는 상대가 나를 도와줄 때 사랑을 느낀다. D
  나는 상대에게 가벼운 신체 접촉을 받을 때 사랑을 느낀다. E

- 나는 상대가 감싸 안아줄 때 사랑을 느낀다. E
  나는 상대에게 선물을 받을 때 사랑을 느낀다. C

- 나는 상대와 함께 외출하는 것을 좋아한다. B
  나는 상대와 손잡는 것을 좋아한다. E

- 나는 상대가 나를 인정해 줄 때 사랑을 느낀다. A
  나에게는 눈에 보이는 사랑(선물)이 매우 의미가 있다. C

- 나는 상대와 함께 붙어 앉는 것을 좋아한다. E
  나는 상대가 나에 대해 매력적이라고 이야기해 주는 것을 좋아한다. A

- 나는 상대와 함께 시간 보내는 것을 좋아한다. B
  나는 상대에게 작지만 선물받는 것을 좋아한다. C

- 나는 상대가 나를 도와줄 때 사랑을 느낀다. D
  나를 이해해 주는 말들이 나에게는 중요하다. A

- 나는 상대와 뭔가 함께 하는 것을 좋아한다. B
  나는 상대가 해주는 친절한 말들을 좋아한다. A

- 나는 상대와 포옹할 때 완전함을 느낀다. E
  나는 상대의 말보다 행동을 볼 때 더 감동한다. D

- 나는 상대의 칭찬을 좋아하고 비판을 회피하는 편이다. A
  나는 커다란 선물보다는 작지만 자주 받는 것을 더 좋아한다. C

사랑의
외국어

• 나는 상대가 자주 신체 접촉해 줄 때 더 친근함을 느낀다. E
  나는 상대와 함께 뭔가 하거나 이야기할 때 친밀함을 느낀다. B

• 나는 상대가 내가 해낸 일에 대해 칭찬하는 것을 좋아한다. A
  나는 상대가 나를 위해 기꺼이 하기 싫은 일을 해줄 때 진정한 사랑을 느낀다. D

• 나는 상대와 걸을 때 손잡아(어깨를 감싸주는) 주는 것을 좋아한다. E
  나는 상대가 내 이야기에 공감하면서 들어 주는 것을 좋아한다. B

• 나는 상대에게 선물받는 것을 정말 즐거워한다. C
  나는 상대가 집안 일을 도와 줄 때 사랑을 느낀다. D

• 나는 상대방이 내 외모에 대해 칭찬해 주는 것을 좋아한다. A
  나는 상대가 내 기분을 이해하기 위해 시간을 내줄 때 사랑을 느낀다. B

• 나는 상대가 나를 어루만져줄 때 평안함을 느낀다. E
  나를 돕는 상대의 수고에 사랑을 느낀다. D

• 나는 나를 위해 수고하는 상대에게 고마움을 느낀다. D

나는 상대가 만든(준비한) 선물받는 것을 좋아한다. C

• 나는 상대가 나에게 집중할 때 그 느낌을 굉장히 좋아한다. B
  나는 상대가 나를 위해 실제로 무엇인가를 할 때의 느낌을 좋아한
  다. D

• 나는 상대가 선물과 함께 내 생일을 축하해 줄 때 사랑을 느낀다. C
  나는 내 생일 때 의미 있는 말(카드에 쓰거나 직접)과 함께 축하해 줄
  때 사랑을 느낀다. A

• 나는 상대가 집안일을 도와줄 때 사랑을 느낀다. D
  나는 상대가 선물을 줄 때 나를 생각해 주는 것이라고 느낀다. C

• 나는 상대가 선물과 함께 특별한 날을 기억해 줄 때 고마움을
  느낀다. C
  나는 상대가 끝까지 인내를 가지고 이야기를 들어줄 때 고마움
  을 느낀다. B

• 나는 상대와 장기간 여행을 즐긴다(원한다). B
  나는 상대가 내가 하는 일상적인 일에 충분히 관심을 기울여 주
  기를 바란다. D

사랑의
외국어

- 기대하지 않은 입맞춤이 나를 흥분시킨다. E
  특별하지 않을 때라도 받는 선물은 나를 흥분시킨다. C

- 나는 상대에게 고맙다는 말 듣는 것을 좋아한다. A
  나는 상대가 이야기하는 동안 나를 바라보는 것을 좋아한다. B

- 상대방의 선물은 언제나 나에게 특별한 의미가 있다. C
  나는 상대가 가벼운 신체 접촉해 주는 것을 좋아한다. E

- 나는 상대가 얼마나 나에게 고마워하고 있는지 말해 줄 때 사랑을 느낀다. A
  나는 상대가 내가 부탁한 일에 최선을 다해 줄 때 사랑을 느낀다. D

- 나는 매일 가벼운 신체 접촉을 원한다. E
  나는 매일 상대방의 지지하는 말이 필요하다. A

자신이 체크한 곳의 알파벳이 각각 몇 개인지 세어 보자. 가장 많은 것이 자신의 주언어(제1의 사랑의 언어), 그 다음으로 많은 것이 부언어(제2의 사랑의 언어)이다.

수량

A 인정하는 말 / B 함께하는 시간 / C 선물 / D 봉사 / E 스킨십

가장 높은 점수가 나의 제1의 사랑의 언어이고, 두 번째 점수가 나의 제2의 사랑의 언어가 된다.

15

표현의

위력

매일 30번씩

자기 암시법의 창시자인 프랑스 약사 에밀쿠에(Emile Coué)는 만나는 환자들에게 "세상이 무엇인지가 중요한 것이 아니라, 세상이 내게 어떻게 보이는가가 중요하다."고 강조하면서 수많은 사람들의 몸과 마음을 치료하였다. 다음의 말을 외워 매일 30번씩 반복하여 외쳤다.

> "나는 날마다, 모든 면에서, 점점 더 좋아지고 있다.
> Day by day, in Every way,
> I am getting better and better."

파경을 만드는 네 가지 말

삼성경제연구소에서는 부부 관계를 파경에 이르게 하는 말을 네 가지로 분류했다.

첫 번째는, "당신이 하는 게 늘 그렇지. 언제 잘한 적이 있나?"

아주 평범한 말 같은가? 그러나 관계의 모든 가능성을 차단하는,

듣는 사람은 깊은 상처를 받는 말이다.

두 번째는, "너나 잘해."

이는 반성 없이 상황을 회피하는 말이다.

세 번째는, "주제 파악 좀 해."

이는 상대를 하찮게 여기고 비하하는 말이다. 상대의 자아를 공격하여 상처를 입히는 말이다.

네 번째는, 아예 말대꾸를 안 하는 것이다. 무슨 말을 해도 들은 체만 체하는 경우로 '너는 네 말해라. 나는 내 말한다.'라는 식이다. 무시만큼 상대를 존중하지 않는 것이 있을까.

말은 씨앗이다. 가장 가까운 부부간에도 어떤 말의 씨앗을 뿌리느냐에 따라 사랑하는 관계를 유지할 수도 있고 원수 관계가 될 수도 있다.

귀가 두개, 입이 하나인 이유

말을 잘 다스려야 한다.

말을 생각나는 대로 하는 사람이 있다. 이런 사람은 상대에 대한 배려가 없다. 자신은 가볍게 말하지만 듣는 사람에게는 상처가 되어 잠을 이루지 못하기도 한다. 말로 과오를 만드는 것이다.

함부로 생각나는 대로 말해서는 안 된다. 타인에 대해 쉽게 평가하는 것도 삼가야 한다. 귀가 두 개, 입이 하나인 이유는 말하는 것보다 듣는 것을 잘해야 하기 때문이라고도 하지 않는가.

말을 조심하여 듣기에 더 중심을 둔 언어생활을 말하는 것이다.

말과 관련된 속담

동서양을 막론하고 말과 관련된 격언들이 많은데, 먼저 우리나라 속담에 "말"과 관련된 것들은 아래와 같다.

"말 한마디로 천 냥 빚을 갚는다."

말 한마디로 천 냥 빚을 어떻게 갚을까? 그만큼 말의 가치가 중요하다는 의미다.

"말이 씨가 된다."

말에는 힘이 있어서 말로 뿌린 씨앗은 자라서 그대로 이루어진다는 것이다.

표현의
위력

"혀 아래 도끼 들었다."

그만큼 날카롭고 위협적일 수 있다는 의미다.

"활은 쏘고 주워도 말은 하고 못 줍는다."

형체가 없는 말은 일단 뱉고 나면 수습하기가 어렵다. 더욱 조심해서 사용해야 하는 이유다.

말이 가지는 힘에 관한 서양의 격언들은 아래와 같다.

"인생을 망치지 않으려면 자신의 말에 신경을 써야 한다." -셰익스피어

"물고기는 언제나 입으로 낚인다. 인간도 역시 입으로 걸린다." -탈무드

"입과 혀는 근심의 문이요. 몸을 망치는 도끼이다." -명심보감 언어편

"병은 입으로 들어오고 화는 입에서 나온다." -부연/중국의 정치가

"차라리 밑 빠진 항아리는 막을 수 있어도, 코 밑에 가로 있는 입은 막기 어렵다." -명심보감

"어리석은 자는 자기 마음을 혓바닥 위에 두고, 현명한 자는 자기의 혀를 마음속에 둔다." -인도의 격언

"죽고 사는 것이 혀의 힘에 달렸나니 혀를 쓰기 좋아하는 자는 혀의 열매를 먹으리라." -잠언 18장 21절

"누구든지 스스로 경건하다 생각하며 자기 혀를 재갈 물리지 아니하고 자기 마음을 속이면 이 사람의 경건은 헛것이라." -야고보서 1장 26절

"나오려는 말을 삼키고 배탈 난 사람은 아무도 없다." -윈스턴 처칠

"친절이나 호의가 아닌 순진한 성질을 가진 희생이 곧 사랑" -심슨

"거짓 사랑은 혀끝에 있고 참 사랑은 손끝에 있다." -무디

"사랑이란 내 자신을 버리는 것" -하천풍

"사랑은 하나님의 모습이다. 사랑 없는 인생은 죽은 것과 같다." -루터

30초

"입술의 30초가 가슴의 30년이 된다."라는 말이 있다.

자기 입에서 나간 말은 불과 30초밖에 되지 않지만, 상대방의 가슴 속에는 30년 동안 남아 복이 되든, 화가 되든 작용한다는 것이다.

실제로 홧김에 내뱉은 한마디 말 때문에 파경에 이르는 사람들이 많다.

화가 난다고 거친 말을 쏟아내면 결국 후회가 따라온다. 말을 다스려 말을 절제할 줄 아는 사람이 결국 좋은 관계의 열매를 맺는 것이다.

명심하자. 입에서 나간 30초의 말이 우리의 삶을 송두리째 바꾸어 버린다.

표현의
위력

성공 조건

안하무인식의 자기표현이 반복되면 결국 모두로부터 소외를 당할 수밖에 없다. 특히 비즈니스에 있어 말로 신임을 잃는 것은 죽은 것과 다름없다.

적절한 언어를 표현하지 못함으로 자신이 가진 능력을 다 펼쳐 보이지 못하고 성공할 수 있는 기회와 여건을 잃을 수도 있다. 그러므로 독단과 아집은 금물이고 막말은 붕괴다.

누구든 조화를 이루고 호흡을 맞추는 능력이 있을 때 호감을 사게 된다.

미국 국립 인간관계연구소 소장 제임스 F. 벤더 박사는, 최고 경영자 55명을 대상으로 "중견 간부의 성공 조건이 무엇인가?"를 조사했다.

그 결과 54명이 '표현력(언어, 말)'이라고 대답했고, 나머지 1명도 첫째는 문장술이고 둘째는 설득이라고 했다.

사업의 성공은 좋은 화술이 좌우한다. 호감받는 화술을 익혀 우리 모두 성공하는 난계로 올라서기 바란다.

"듣는 사람의 오해는, 말하는 사람의 실수"라는 말이 있다. 즉 말하는 사람의 표현이 중요하다는 것이다. 그렇다. 비즈니스에서 성공하려면 필히 호감을 받는 언어를 익혀 사용해야 한다.

꿈의 성취

내 생에 최고의 놀라운 발견은 '언어의 힘'이다. 자신의 적성과 기호를 좇아 무엇을 하고 싶다고 말로 표현하고 선포할 때 비로소 계획은 실행단계로 들어가게 된다.

자신의 꿈, 구체적인 비전과 목표를 자신의 언어나 글로 표현함으로써 꿈의 성취를 위한 씨앗을 뿌리게 되며, 타인에게 알릴 때 스스로에게 할 수 있다는 자긍심을 갖게 하는 것이다.

감정의 표현

말 한마디, 특정한 단어, 친절한 언어가 우리의 사고방식을 통제하고 감정과 사고방식은 행동방식에도 영향을 준다. 만약 당신이 "짜증난다.", "불쾌하다.", "끝장난 기분이다.", "약 오른다.", "밉다." 등 부정적인 감정을 반복해 말한다면 당신의 감정은 어떻게 될까? 즉시 말한 대로의 감정에 사로잡히게 될 것이다. 어쩌면 혈압이 지붕을 뚫고 올라갈 정도로 높아질 것이다.

이처럼 단어 하나가, 또는 어휘 한마디가 우리 기분을 바꾸어 놓는 위력을 지니고 있다. 그래서 사람들은 고상한 언어에 감동을 받고 행동하는 것이다.

말 한마디는 우리가 느끼는 감정을 바꾸어 놓는다. 말이 순간순간 우리가 느끼고 생각하는 방식에 지대한 영향을 끼치고 있음에도 불구하고, 다른 사람과 그리고 우리 자신과 매일 의사소통을 할 때 자신이 사용하는 말에 대해 의식하는 사람은 많지 않다.

감정을 묘사하는 표현을 약간만 바꾸어도 행복한 감정을 배가시킬 수도 있다. 새로운 종류의 어휘를 사용하는 것만으로도 우리의 기운을 북돋아 주고 최고의 기분으로 바꾸어 줄 것이다.

근사한 표현들이 삶을 새롭고 살맛나게 바꾸어 준다.

활력과 기운을 북돋는 어휘

다음의 긍정적인 감성의 표현들을 나의 언어로 만들어 사용한다면 삶으로 연결해 힘 있는 언어가 되면 나 자신을 놀랍도록 긍정적으로 변화시킬 것이다.

부정적인 감정표현 기운을 빼는 어휘	긍정적인 감정표현 기운을 공급하는 어휘
어리석은	황홀한
화가 난	최상의
울적한	좋은
실망한	괜찮은
무안한	정신이 확 드는
냄새가 고약한걸	색다른
실패했다	활기 넘치는
잃어버린	훌륭한
끔찍한	탁월한
할 수 없는	뛰어난
짜증이 난	놀라운
뚱뚱한	좋은
싫은	아름다운

활력과 기운을 북돋는 어휘는 우리의 감정과 삶을 통째로 바꾸어 놓는다. 계속해서 긍정적인 표현을 연습하다 보면 어느 날 막힘이 없이 똑 부러진 말솜씨를 지닌 훌륭한 언어 품격을 지닌 자신을 발견하게 될 것이다.

생각의 언어

지금, 당신은 무엇에 대해 생각하는가?

우리는 생각을 진정으로 지배할 수 있을까?

내 생각의 초점은 어디에 맞추어야 하는가?

사람의 행동은 생각에 의해 결정된다. 생각이 그 사람을 정의한다. 그래서 우리는 마음과 생각을 다스리겠다는 강한 의지를 갖고 있어야 한다.

우리가 하는 말이나 생각은 의식에만 국한되지 않고 내면의 무의식으로부터 나온다. 잘못된 지식과 정보는 부정적인 말과 행동으로 나타나게 된다. 속담에 보면 "당신이 먹는 것을 보면 당신을 알 수 있다."라고 했듯이 말은 "당신이 생각하는 것을 보면 당신을 알 수 있다."는 의미로 볼 수 있다.

당신이 품은 긍정의 마음은 보물이다. 긍정의 생각은 우리가 가장 귀하게 여기는 건강, 풍요, 자비, 사랑, 언어, 행동을 담고 있다.

이제 당신의 생각을 진정 보물로 취급해야 한다. 판에 박힌 생각으로부터 당신 자신을 탈출시켜야 한다.

H. L 멘켄(Henry Louis Mencken) 박사는 "세상 사람들의 80% 이상이 독창적인 생각을 한 번도 하지 않고 인생을 마친다."라고 말했다. 토

마스 에디슨(Thomas Alva Edison)도 "깊이 사고하는 것은 힘든 노동이다. 이 노동을 피하기 위해서 사람들은 별별 수단을 다 쓴다."라고 언급했다.

이처럼 긍정적으로 생각하는 일은 쉽지 않지만, 그래도 우리는 끊임없이 노력해야 한다. 수직적 사고가 아니라 수평적 사고로 굳은 마음이 아니라 유연한 마음으로 생각에 제한을 두지 않는다면, 우리는 새로운 차원에서 살아갈 수 있게 된다.

이제부터 당신의 마음에 담긴 절대 긍정의 가능성을 발휘하고, 확대하며 적용하는 데 전념하도록 하자.

보상 언어

응원하는 사람도 없고, 어떤 응원소리도 없는 축구 경기를 상상해 보았는가? 무엇으로 나와 타인에게 활력과 생기를 불어넣어 줄 수 있을까?

사람들은 두 가지 방법으로 보상을 받는다.

한 가지 방법은 금전으로 보상을 받는 것이고, 또 한 가지 방법은 칭찬과 격려로 보상을 받는 것이다.

열정은 언제 발휘되는가를 보았더니, 금전과 격려가 주어지는 만큼 비례하여 증가한다는 원리를 발견하게 되었다.

열정(Enthusiasm) = 금전+격려(칭찬)

금전적인 보상은 눈에 보이고 손에 잡히는 보상이다. 반면 격려의 보상은 지금 상대방이 하는 일이 매우 중요한 것임을 인식시키고 능력을 신뢰한다는 메시지를 보내는 것이다.

대부분의 사람은 칭찬하는 데 익숙지 않지만, 칭찬하고 격려할 만한 내용은 곳곳에 항상 존재한다. 긍정적인 언어로 칭찬할 만한 것을 찾는 습관이 필요하다.

이를테면 "당신은 굉장히 잘하고 있어요.", "당신은 실력이 탁월합니다.", "당신은 이 일을 해낼 수 있습니다."와 같은 말이다.

그런데 칭찬과 격려의 보상은 진심에서 우러나는 것이어야 한다. 상황에 맞지 않는 칭찬은 상대방은 오히려 비아냥거림으로 여길 수 있다.

칭찬의 첫 번째 지침은 구체적이고 독창적이어야 한다.

두 번째 지침은 결과만이 아니라 진행 과정을 응원해야 한다.

우울함과 명랑함의 차이

주변을 둘러보면 우울한 기질을 가진 사람이 생각보다 많다는 것을 알 수 있을 것이다. 결론부터 말하자면, 우울함은 발성의 부족이다. 충분히 자기표현을 하지 않고 소리 내지 않았기 때문이다. 우울함과 명랑함의 차이는 얼마나 나의 목소리를 내어 표현을 하는가에 달려 있다고 할 수 있다.

사실 필자 역시 과거에 기질적으로 어둡고 우울한 성격을 갖고 있었다. 그리하여 이 우울의 원인이 무엇일까 고심했다. 사실 생각과 묵상은 많으나 말의 표현이 부족하기 때문임을 깨닫게 되었다. 깨닫고 난 후에는 의지적으로 나의 언어, 목소리를 크게 내고 표현하는 것을 훈련했다.

처음에는 읽기, 쓰기, 그리고 말하기 훈련을 하였다. 그러자 먹구름처럼 드리워져 있던 우울함은 점차 물러가고 밝고 명랑해졌고, 결과적으로 나는 이전보다 행복해졌다.

말로 나를 드러내고 표현하는 것은 나의 존재를 존중하는 일이기도 하다.

두 차이의 원리

여기 A와 B 두 아이가 있다. 두 아이의 성격과 분위기의 차이는 어디에서 오는 것일까?

A: 표현하고 대화하는 것을 좋아하고, 문제가 발생해도 그리 심각하게 여기지 않는다. 얼굴은 늘 아주 밝고 명랑하다.
B: 표현이 부족하고 조용한 편이다. 통 마음을 열지 않는다. 우울하고 어두운 분위기를 풍긴다.

한 아이는 표현하고 웃고 떠들며, 한 아이는 그것을 마음속에 간직한다.

그것이 큰 차이다. 큰 소리로 나의 존재를 표현해 보자. 표현이 어렵다면 꾸준히 잃고 쓰고 읽기 훈련을 하자.

목소리를 내는 것, 표현하는 것은 생명 있는 존재가 가진 당연한 욕구이다.

인생을 망치지 않으려면 자신의 말에 신경을 써야 한다.

William Shakespeare

16

캔(can)

언어

박제된 농어의 명언(名言)

어느 낚시꾼의 집에는 입이 큰 농어가 박제되어 있었다. 박제된 농어 아래에 다음과 같은 글이 적혀 있었는데, 참으로 명언(名言)이었다. "내가 입을 다물었다면 난 여기 있지 않을 것이다."

한 번 입에서 내뱉은 말은 주워 담을 수 없다. 따라서 입에서 나온 말 때문에 고통을 자처해서는 안 된다.

할 수만 있으면 입을 조심해야 한다. 대신 나의 입에서 힘나는 말, 칭찬의 말, 감사의 말, 희망의 말, 응원의 말 그리고 축복의 말만 나가도록 하자.

말을 기적의 도구로 사용해야 한다. 입을 잘못 열어서 낭패를 당하는 일이 우리 주변에 얼마나 비일비재한가. 누구나 입을 잘못 사용하면 박제된 농어처럼 될 수 있다.

성차별의 언어

사람들과 대화를 하다 보면 몰상식한 말, 폭력적인 말들이 난무한

캔(can)
언어

다. 더구나 여성 차별의 언어는 사라질 줄 모른다. 상처가 되는 말을 쉽게 하는 것이다. 나도 남자지만 남자들은 여자들을 자꾸 가르치려고 한다.

"여자니까, 나쁜 뜻은 아니었어, 배부른 소리 한다, 왜 유난이야, 왜 이렇게 예민해, 내가 보기엔 아닌데, 너 참 말 안 통한다, 여자도 군대에 가야 돼, 설마 그럴 리가 있겠어, 그냥 좋게 넘어가."

여성을 깎아내리는 언어들에 대해 한 번 더 생각하고 주의해야 한다.

참고미사

사람은 보통 하루에 5만 마디의 말을 사용한다. 그런데 정성스럽고 사랑스러운 긍정의 언어는 고작 25% 정도 사용하고 불필요한 말, 부정적인 말, 비난하는 말을 75%로 더 많이 사용한다.

말에는 파동이 있어 내가 한 말은 먼저 나 자신에게, 그리고 타인과 환경에 영향을 준다. 그래서 어려움을 극복하고 문제를 쉽게 풀리게 하는 좋은 방법은 바로 "참·고·미·사" 즉, "참 고마워요. 미안해요. 사랑해요."라는 말을 나누는 것이다. 입에 달고 살아야 할 것이 '참고미사'이다.

자, '참고미사' 운동을 실천하자. 가정과 직장 그리고 나와 관계있는 모든 곳에서 주도적으로 진심을 담아 '참고미사'를 나누자.

캔(can) 언어

할 수만 있다면 희망, 꿈, 기쁨, 사랑, 행복, 열정 등의 긍정적인 캔(can) 언어만을 사용하는 것이 좋다. '행복하다, 잘된다, 신난다, 즐겁다.' 등의 언어를 입에 달고 살아야 한다.

"미안해요.", "고마워요.", "사랑해요.", "할 수 있다." 등 긍정의 말은 무엇이든 할 수 있는 삶으로 가득 차게 만든다.

긍정적인 사람은 늘 긍정의 말씨를 사용한다. 씨앗에 생명이 있듯이, 긍정의 말씨를 사용하면 플러스(+) 파동이 생성된다. '할 수 있다. 하면 된다. 해 보자. 가능하다. 하자.'는 플러스(+)를 파하게 하는 언어다.

말버릇 때문에 인생에 실패하는 사람들이 수없이 많다. 말하는 어투나 태도, 사용하는 용어, 목소리 톤에 따라 성공의 여부가 결정되기 때문이다.

'넌 할 수가 없어.'가 아니라 '넌 지능이 높아.', '넌 똑똑해.', '넌 탁월해.'라는 강한 가능의 말을 하자. 가능의 말은 반드시 이루어진다. 기적은 언제나 가능의 태도를 품은 자에게 일어난다.

긍정의 목소리

눈 덮인 히말라야 산을 오르내리며 인도의 성자로 불리는 썬다 싱 (Sadhu Sundar Singh)은 "몸도 허약한데 어떻게 높은 산을 오르며 복음을 전할 수 있었습니까?" 하는 질문에 "산을 넘기 전에 정신의 키를 산보다 높이면 산을 넘을 수가 있습니다!"라고 대답했다. 그렇다. 우리가 '할 수 있다.'는 자신감을 가지면 자신의 능력을 넘어서는 큰일도 할 수 있다.

영국의 심리학자 J. A. 하드필드(J. A. Hadfield)는 자신감에 대한 연구에서, 자기 자신에게 "넌 틀렸어!", "이젠 끝났어!"라고 말하며 좌절할 때 자기 능력의 30%도 발휘할 수 없다고 밝힌다. 반대로 "넌 할 수 있어!", "넌 특별한 사람이야!"라며 자신감을 가질 때는 실제 능력의 150%까지도 발휘할 수 있다고 한다. 그러니 우리는 물리적인 상황이 좋을 때나 나쁠 때나 지속적으로 긍정의 말을 선포해야 한다.

미국의 유명한 저술가 맥스 루케이도(Max Lucado)는 "여러분 삶 가운데 두 가지 목소리가 있다. 부정적인 목소리는 여러분의 생각을 의심과 원망, 그리고 두려움으로 가득 채우지만 긍정적인 목소리는 소망과 힘으로 가득 채웁니다."라고 말했다.

부정적으로 말하면 듣는 사람에게는 타격을 주고 긍정적으로 말하면 마음에 위로가 되고 용기가 되고 힘이 되는 것이다.

존 보일 오리일드는 "의심은 절망의 형제인 악마이다."라고 말했다. 그러므로 우리의 삶에서 해야 할 중요한 일 중 하나는 긍정적, 적극적, 창조적인 말을 하는 것이다.

신난다

다음에서 한 단어의 차이를 보자. 대학생들이 연설을 하기 전에 브룩스 교수는 그들을 무작위로 나누어, 한 집단에게는 "침착하자!"를, 다른 집단은 "신난다!"를 소리 내어 말하게 했다. '침착'과 '신난다.'라는 한 단어의 차이만으로도 그들의 연설의 질이 상당히 달라졌다. 자신의 감정을 '신난다.'고 정의한 학생들은 자신이 '침착하다.'고 다독인 학생들보다 설득력은 17%, 자신감은 15% 높다는 평가를 받았다. 또 다른 실험에서는 어려운 수학 시험을 보기 전에 불안해한 학생들은 "침착하자!"라는 말보다 "신난다!"라는 말을 들었을 때 점수가 22% 더 높게 나왔다.

캔(can)
언어

조심해야 할 5가지 언어

인생에서 능력이나 재능보다 더 중요한 것은 긍정적인 언어습관이다. 능력이나 재능은 좀 부족할지라도 긍정적인 언어를 사용하는 사람에게 기회가 찾아오기도 쉽다. 미국의 뉴욕 타임스에서는 자녀를 둔 어머니들이 조심해야 할 5가지 언어를 다음과 같이 정의했다.

"내가 왜 널 낳았는지 모르겠어.", "너는 왜 다른 애들처럼 못 하니.", "네가 도대체 몇 살이니?", "이 바보야.", "시끄러워 제발 엄마를 괴롭히지 마!"

글로 옮기는 것만으로도 소름이 끼친다. 이런 언어는 단 한 번만 사용해도 자녀의 큰 상처로 남으며 두고두고 부모에게 반감을 갖게 한다. 무심코 이러한 언어들을 사용한 적은 없는가.

창조적인 말

낙관적 심리학의 체계를 세운 마틴 셀리그만(Martin Seligman) 박사는 언어 습관과 우울증에 대한 연구에서 다음과 같은 결과를 도출해 냈다. 우울증에 걸린 사람들은 어떤 결과에도 "내 잘못이다.", "내가 나쁘다."라고 말하는 경향을 보였으며, 습관적으로 "나는 못 한다.", "안될 것이다."라는 부정적인 언어습관을 갖고 있었다.

긍정적이고 적극적이며 창조적인 방향으로 삶을 이끌어 나가기 원한다면 언어습관부터 새롭게 해야 한다. 매일 아침 "나는 행복하다. 나는 평안하다. 나는 건강하다. 나는 복 받았다. 나는 형통한다. 나는 감사하다."고 고백해 보자. 내 입술의 고백대로 이루어진다.

내 스스로가 부정적인 마음과 말을 놓지 못하고 있으면 긍정과 희망이 들어올 자리가 없다. 아무 말도 하지 않으면 아무것도 이루어지지 않는다. 창조의 역사는 모두 창조적인 말로부터 시작되었다.

나는 괜찮다

일본의 성공학자인 혼다 켄은 백만장자 연구를 통해, 부자가 되기 위한 가장 중요한 자세는 바로 "나는 부자가 된다."라고 말하는 것이라 했다. 자기 운명에 대해 낙관적으로 말할 때, 그 확신대로 이루어진다는 것이다.

미국의 심리학자이자 경영학자인 베스트셀러 작가 헤럴드 셔먼

캔(can)
언어

(Harold Sherman)은 그의 책 〈바꿔볼 만한 인생〉에서 '성공한 사람들은 불행을 당했을 때도 긍정적인 언어로써 운명을 좋은 방향으로 바꾸었다.'고 말했다.

성공한 사람들에게도 늘 좋은 일만 일어나는 것이 아니라 불행한 일도 일어난다. 그러나 그들은 불행을 긍정적인 언어로 극복하여 다시 성공을 이루어 낸다. 나의 언어가 운명과 환경을 바꾼다.

"나는 괜찮다. 나는 성공한다. 나는 이길 것이다."라고 말해보자. 불행을 이길 만한 힘이 생겨날 것이다. 그러나 "나는 못 한다. 안 된다. 할 수 없다. 실패한다. 패배한다."라고 말하면 좋은 환경도 나빠지고 실패하고 만다. 상황이 좋지 않고 형편이 나쁠지라도 우리가 긍정의 언어로 "잘된다. 앞으로 점점 좋아질 것이다. 할 수 있다. 하면 된다. 해 보자. 좋다."라고 긍정의 언어를 사용할 때 그대로 우리 삶에서 나타나게 되어있다. 언어는 내뱉은 그대로 이루어진다.

따뜻하고 부드러운 말

프랑스의 천재 수학자이자 물리학자, 신학자였던 파스칼(Blaise Pascal)은 "따뜻한 말들은 많은 비용이 들지 않지만 많은 것을 이룬다."라고 말했다.

한 남자가 이렇게 청혼을 했다.

"나는 한평생 아침 식사를 함께 할 여성을 찾고 있었습니다. 그런데 당신이 바로 그 여성입니다."

그는 짧고 강렬한 말 한마디로 청혼한 여성의 마음을 얻어 결혼에 성공했다.

따뜻한 말 한마디는 마음을 움직이는 능력을 갖고 있다. 따뜻하고 부드러운 말 한마디는 행복을 가져다주며 소통과 공감을 이루게 한다.

그러므로 말은 부드럽고 온순하게 해야 한다. 역사상 가장 지혜로운 왕으로 꼽히는 솔로몬 왕은 〈잠언서 15장 4절〉에서 "온순한 혀는 곧 생명나무이지만 패역한 혀는 마음을 상하게 하느니라."라고 말하고 있다. "온순한 혀"는 "따뜻한 말", "따뜻하고 부드러운 말"을 의미한다. NIV 영어성경(The tongue that brings healing is a tree of life, but a deceitful tongue crushes the spirit)은 이 따뜻하고 부드러운 말에 치유력(healing)이 있다고 말하고 있다. 생명나무로서 가지를 내고 풍성한 과실을 맺으며 패역한 혀는 마음을 상하게 한다.

세 치 혀

속담 중에 "말 잘하기는 소진(蘇秦) 장의(張儀)로군."이라는 말이 있다.

캔(can)
언어

중국 춘추전국시대에 뛰어난 말솜씨로 종횡가의 대가 자리에 오른 소진과 장의, 즉 구변이 썩 좋은 사람을 비유적으로 이르는 말이다.

홀로 오나라로 건너가 단지 말만으로 그들을 동맹국으로 삼은 제갈량, 뛰어난 화술로 에스키모인에게 얼음을 판 세일즈 트레이너 톰 홉킨스.

이들은 모두 '세 치 혀'로 자신이 원하는 것을 이루어냈던 사람들이다. 이 세 치의 혀로 수많은 영웅들을 삼키고, 역사를 바꾸어버렸다.

사람이 스스로 가지고 태어나는 유일한 무기인 '세 치 혀.'

자신에게 이득을 주는 사람을 끌어들이는 것도, 자신을 그럴듯하게 포장하여 가치를 높이는 것도 바로 '세 치 혀'다.

말

세상에는 다시 돌아오지 않는 세 가지가 있다고 한다.

첫 번째, 잃어버린 기회(機會)다. 지나간 기회는 절대 다시 오지 않는다.

두 번째, 활시위를 떠난 화살이다.

세 번째, 입에서 나온 말이다.

돌아올 수 없는 세 가지 중 가장 치명적인 것은 바로 '말'이다. 그러므로 일상생활에서 가장 많이 써야 할 말이 어떤 말일까? 바로 기적을 일으키는 말이다.

"죄송합니다.", "괜찮습니다.", "감사합니다.", "사랑합니다."

언중유골

"언중유골(言中有骨)"이란 말에도 뼈가 있다는 의미다.

많은 사람들이 말로 인해상처를 받는다. 우리는 알면서도 순간적으로 툭 내뱉는 말로 가족이나 동료에게 상처를 줄 때가 있다. 그 상처를 다시 싸매 주는 것도 바로 '말'이다. 비난하고 평가하고 상처 주는 말을 해왔다면 용기와 격려를 주는 말로 바꿔보자.

골즈워디는 "인간의 눈은 그의 현재를 말하며, 입은 그가 앞으로 될 것을 말한다."고 했다. 긍정적인 말, 아름다운 말을 통해 자신의 미래를 풍성하게 가꾸어 나아가야 한다. 지금 자신의 말씨가 미래의 모습이라는 것을 깨닫고 긍정적이고 적극적인 말의 씨를 뿌려야 한다. 누가 요즘 어떻게 사느냐고 물으면 "죽지 못해 삽니다.", "죽을 지경입니다."가 아니라 대신, "아, 좋습니다.", "아주 잘 돌아갑니다!"라고 말해보자. 말하는 대로 인생의 방향이 바뀔 것이다.

캔(can)
언어

17

언어의

품격(言品)

공자의 역(力)

염구왈
冉求曰

비불열자지도　　　　　역부족야
非不說子之道 언마는 力不足也 로이다

자왈
子曰

역부족자　　중도이폐　　　　금여　　획
力不足者 는 中道而廢 하나니 今女는 畫이로다

공자의 수제자 염구가 말했다.

"저는 선생님의 도를 좋아하지만 힘이 부족합니다."

그러자 공자는 "힘이 부족한 자는 중도에 그만두는 것이니, 지금
너는 스스로 자기 한계를 긋고 있구나." 하고 말했다.

공자는 염구를 일러 다재다능하다고 평했다. 염구가 역(力)을 넓힐
능력이 있으면서도 그 능력을 발휘하려는 뜻을 펴지 않는 것 아니냐
고 염구의 속을 콕콕 찌르고 있다. 마음의 획은 살아 있어서 '나는 할
수 없어.'라고 스스로 마음에 획을 긋는 순간, 할 수 없는 것으로 바
로 작동된다. 대신 할 수 있다는 긍정의 획을 긋는 순간 그대로 변화
는 시작된다. 성공을 거두지 못하는 가장 큰 이유는 바로 자기 한계
때문이다.

언어의
품격(言品)

좋은 인품(人品)

언젠가 음료수를 사러 편의점에 들렀는데, 벤치에 앉아 있는 사람들의 대화가 귀에 쏙 들어왔다. 내용인즉, "새로 입사한 직원이 말이 없어 그런지 괜찮아 보인다. 좋은 성격을 가졌나 봐."였다. 즉 말이 많은가 적은가를 인격을 판단하는 기준으로 삼은 것인데, 실제로는 말수가 적어 쓸데없는 말, 부정적인 말도 거의 없기에 그 직원에게 좋은 인상을 받았다고 할 수 있다.

말과 행동이 일치하는 사람이 존경을 받는다. 한 대기업에서 임직원 3,000명을 대상으로 어떤 동료와 일하고 싶은지 설문조사를 했다. 조사에 답변한 60%가 "번지르르한 말이 아닌 행동으로 보여주는 동료"라고 대답했다.

'언행일치'의 가치를 보여주는 사례다. 공자도 일찍이 언행일치의 중요성을 언급했다. 〈논어〉 '위정편'에서 '선행기언(先行其言), 이후종지(而後從之).'라 했다. 먼저 실천한 후에 말하라는, 행동이 말을 앞서게 하라는 뜻이다.

중국의 삼국시대 때, 제갈량의 아내 황씨는 추녀로 유명했지만 재능이 출중하고 인품이 훌륭하여 제갈량이 승상의 자리에 오르고 공을 세우는 데 큰 내조를 했다.

인품은 사람마다 갖고 있는 내면에서 외면으로 드러나는 인격적인

매력을 말한다. 인품은 한 번을 만나도 기억에 오래 남으며 깊은 인
상을 남긴다. 인품은 지식만으로는 안 되며, 자신의 언어와 행동을
고상하게 갈고 닦아야 고유하고 아름다운 인품을 갖출 수 있다. 인품
은 눈에 보이지 않는 무형의 것이지만 사람과 어울리고 소통하는 데
없어서는 안 될 최고의 가치이며 덕목이다.

좋은 인품은 결코 하루아침에 완성되지 않으며 부단히 수양하고
배우고 익혀야 한다. 자신을 알고 진중한 마음으로 내면의 힘을 기
르는 노력을 해야 한다.

우공이산

프랑스의 작가 몰리에르(Moliere)는 "약속을 지키는 일이 재산을 지
키는 것보다 훨씬 중요하다."고 말했다. 신뢰와 의리를 쌓기가 그만
큼 중요하고도 어렵다는 말이다.

'우공이산(愚公移山)'이라는 고사성어가 있다.

중국의 90세 노인 우공은 두 개의 산 때문에 마을과 마을을 다니기
가 몹시 불편하여 자식들과 상의 끝에 그 산을 옮기기로 작정한다.
주위의 놀림에 "내가 죽더라도 자식들이 대대손손 일을 계속한다면
언젠가는 옮겨지지 않겠느냐?"고 대꾸한다. 이에 겁을 먹은 산신령

들이 옥황상제에게 산이 없어질 것을 걱정하자 오히려 우공의 정성
에 감동한 신은 두 개의 산을 옮겨줬다는 고사에서 유래했다.

성신(誠信)

誠.[7] 정성스럽고 참된 진실함, 성실함 성(誠)은 말(言)을 한 그대로
이룬다(成)는 의미의 결합이다. 말을 했으면 반드시 실행해야 한다는
의미다.(논어)

"말은 행위를 돌아보고 행위는 말을 돌아본다."(중용)는 구절은 언
행일치를 강조한 것이다.

언어를 통해 의사를 전달할 때, 말의 뜻 그대로 이해되고 실행되어
야 한다. 그러기 위해서는 거짓이나 속임이 없어야 하고, 순수성과
진실성, 신뢰성이 있어야 한다.

고전 〈서유기〉에는 삼장법사의 '직원수칙' 중 "출가한 사람은 허풍
을 떨면 안 된다."라는 조항이 나온다. 약속한 말은 틀림없이 지켜야
한다는 뜻이다. 중국의 철학자 묵자(墨子)는 "한 번 말한 약속은 천금
과 같고, 입 밖에 낸 말은 네 마리 말이 끄는 마차로도 따라잡을 수
없다."고 했다.

---

7 정성 성誠. 말씀 언言. 이룰 성成.

아래의 논어 「위정」 22장은 시진핑(習近平) 중국 국가주석이 인용한
글이기도 하다.

자 왈 인 이 무 신 부 지 기 가 야
子曰 人而無信, 不知其可也.
대 거 무 예 소 거 무 월 기 하 이 행 지 재
大車無輗, 小車無軏, 其何以行之哉?

공자는 "사람으로 태어나 신의가 없으면(人而無信) 그 사람됨을 알
수 없다.(不知其可也)라고 했다. 큰 수레에 예(멍에를 고정하는 쐐기)가 없고,
작은 수레에 월(나무를 고정하는 쐐기)이 없다면 그것이 어찌 움직이겠느
냐?"고 했다.

성신(誠信)은 현대 사회에도 여전히 지대한 영향을 미치며 사람됨
의 근간으로 삼는다. 가장 으뜸으로 갖춰야 할 성신의 덕목으로는
실언(失言)을 하지 말아야 한다는 것이다.

세상을 살아가는 동안 성실하게 실천해야 할 가장 기본적인 품성
이다.

입조심

'말이 곧 그 사람이다.'

언어의
품격(言品)

그 사람이 하는 말이 그의 인격과 성품을 드러낸다는 의미다. 〈명심보감〉에서는 "입과 혀는 재앙과 근심의 문이고, 몸을 망치는 도끼이다."라고 말하고 있으며, 도(道)가의 시조인 노자 역시 "말은 많이 할수록 자주 궁해진다.", "아는 자는 말하지 않고, 말하는 자는 알지 못한다."고 이야기했다. 또한 공자는 이렇게 말했다.

"개인이 출세하기 위해서도 말에 허물이 적어야 한다.", "한마디 말로 나라가 흥하고, 한마디 말로 나라가 망하기도 한다."

모두 말이 곧 그 사람의 인격이라는 것을 전하고 있다.

싸움과 갈등, 분열은 대부분 말로 인해 시작된다. '자나 깨나 불조심'이란 표어가 유행했던 시절이 있었는데, 자나 깨나 '말조심', '생각조심'으로 바꿔 사용해도 적절할 것 같다. 공자도 이르기를 "흰 구슬에 생긴 흠은 갈아 없앨 수 있지만, 내 말에 묻은 티는 닦을 수 없다."고 했으며, 중국의 대표적인 역사책 「전당서(全唐書)」의 '설시'(舌詩)편에도 입과 혀의 중요성을 제시하고 있다.

"입은 재앙을 불러들이는 문이며, 혀는 곧 몸을 자르는 칼이다.", '구시화지문(口是禍之門), 설시참신도(舌是斬身刀)'라며 '입조심'을 경계했다.

그렇다. 인간의 모든 행복과 불행이 입에서, 곧 말에서 시작된다고 해도 과언이 아니다. 그래서 옛 사람들도 '입조심'을 가장 경계하고 조심할 으뜸으로 삼았던 것이다.

말씨와 말투

말 한마디가 사람을 살리기도 하고 죽이기도 한다. 사람에게는 인품이 있듯이 말에는 언품(言品)이 있기 때문이다.

나는 말을 연구하는 사람으로서 말이 세상을 지배하고 있음을 알고 있다. 말하기가 개인의 경쟁력을 평가하는 잣대가 된 지 오래다. 말솜씨가 좋은 사람은 매력 있는 사람으로 통용된다. 좌중을 들었다 놓았다 하는 달변가들은 물질적 부(富)까지 얻고 있다. 이들이 모두 말을 잘할 수 있었던 요인을 보면 '말하는 기술'을 갖추었다는 것이다. 이들 중 일부는 말하기의 기술을 타고난 사람도 있겠지만, 대부분은 피나는 연습과 훈련 덕분이라고 말한다.

호감 가는 화술, 이기는 말솜씨, 유창한 발표력 등은 선천적인 조건보다는 그 사람이 살아온 환경, 얼마나 배우고 익혔는가 하는 후천적인 조건들이 더 많이 좌우한다.

많은 사람들이 화술(스피치) 때문에 고민을 한다. 타인에게 호감을 주는 사람이 되고 싶어서, 꼬인 문제 해결이나 더 나은 인간관계를 위해서도 말씨와 말투를 호감형으로 바꾸려고 한다.

사람의 마음을 사로잡는 말의 유창함을 갖추면 일의 성과와 업무 실적도 점점 상승한다. 그래서인지 많은 사람들이 말 잘하는 호감형 사람들이 되기를 바란다.

언어의
품격(言品)

당신의 주변 사람들 중 어쩐지 끌리는 사람은 어떤 사람인가?

아마도 대화를 나누어 보고 말끔한 태도와 말씨를 가진 사람이라면 만날수록 호감이 높아졌을 것이다. 반면 외모가 예쁘거나 잘생겼더라도 적절하지 않은, 경박한 언어와 말씨를 가진 사람은 점차 호감도가 떨어지는 경험을 누구나 해보았을 것이다.

이러한 차이가 무엇이라고 생각하는가?

상대를 대하는 말씨와 말투다. 처음 갖는 자리든, 정기적인 만남이든 먼저 상대를 우선시하고 상대를 알려고 애쓰는 사람에게는 자연히 이끌리게 되어 있다.

상대를 이해하는 것은 상대를 우선시하고 관심을 갖는 질문자가 되는 것이다. 질문자란 상대의 말에 맞장구를 치거나 동의를 하면서 이야기를 이끌어내는 사람이다. 질문자가 되어 대화를 부드럽게 이끌어 나갈 수 있도록 상대를 세심하게 살펴야 한다.

호칭

나이가 들어 현역에서 물러난 노인들도 은퇴 전에 사용하던 직함이나 호칭을 선호한다고 한다. '할아버지', '할머니'가 아니라 '박 선생님', '김 점장님', '최 교수님', '강 박사님', '정 부장님', '사장님', '회장님', '실장님' 등.

직함과 호칭에 그들이 전성기에 받았을 존중과 존경의 의미가 응축되어 담겨 있기에 그런 것이다.

주변의 노인들을 부르는 호칭에도 한 번 더 생각하고 존중을 담아보면 어떨까. 내가 고른 고운 말 한마디가 한 사람의 인생, 조직과 사회를 바꿔놓을 수 있다.

언품(言品)

공자에게는 일반 제자가 3,000명, 수제자가 77명 있었다고 전해진다. 수많은 사람들이 공자와 그의 가르침을 따랐던 이유가 무엇이었을까?

공자의 제자 중에서도 특별히 뛰어난 사람들이 있었는데, 덕행으로는 안연, 언어로는 재아, 자공이 있었다.

안연은 공자로부터 '거의 도를 터득했다.'는 말을 들을 정도로 인정받은 제자였다. 공자는 "나는 안연이 나아가는 것만 보았지 멈춰 서 있는 것을 보지 못했다."고 했으며, 심지어 "안연은 나를 능가한다."고까지 그를 칭찬했다.

안연은 인(仁)의 품격을 갖춘 제자로서 언제나 교만하지 않았고 공자의 뒤편에 서서 자신을 낮출 줄 아는 사람이었고, 뛰어난 재능과 학식을 갖췄을 뿐 아니라 언어를 적재적소에 사용하여 상대를 감동시킬 수 있는 말솜씨까지 뛰어났다. 안연의 대화법에서 그의 언품(言品)을 엿볼 수 있다.

"상대의 말과 함께 상대의 심중에 담긴 의미까지 제대로 읽고서 자신의 마음속의 말로 표현할 수 있어야 한다."

이러할 때 진정한 소통이 이루어지는 것이다. 진심이 담겨 있지 않은 말은 아무리 화려해도 울림이 없다.

언변(言辯)

공자의 또 다른 수제자 안회(顔回)는 공자가 그를 안자(顔子)로 높여 부를 만큼 통찰력이 뛰어난 사람이었다. 〈안자춘추〉에서 그는 '습속이성(習俗移性)' 즉, '습관과 환경이 사람의 본성을 바꾼다.'고 말했다.

안자는 키가 작고 외모가 볼품이 없었지만 훌륭한 인품과 뛰어난 언변을 지녔다. 안자는 탁월한 재상이었으며 그 말재주가 훌륭했다. 상황에 따라 올곧은 말, 아름답고 지혜로운 말, 그리고 재미있는 말로 상대방의 호감을 살 줄 알았다.

공자의 제자 중 재여(宰予)와 자공(子貢)도 말솜씨가 뛰어난 사람이었다. 그러나 말솜씨가 뛰어난 재여(재아) 때문에, 공자는 사람을 볼 때 말뿐 아니라 행실까지 살피는 버릇이 생겼다고 한다. 말만 앞세우고 정작 행동은 하지 않는 재여를 몹시 못마땅하게 여겼기 때문이다.

공자는 재여를 향해 "재여는 참으로 어질지 못한 사람이다."라고 말했다. 논어 「자로(子路)」편에 실려 있는, "달변보다 어눌한 사람이 더 인(仁)에 가깝다."는 공자의 말 역시 재여를 겨냥한 말일 것이라고 전해지고 있다.

공자는 재여를 향해 "썩은 나무에는 조각할 수 없고 썩은 흙으로 쌓은 담장에는 흙손질을 할 수 없다.(朽木不可雕 糞土之墻不可朽)."고 강하게 비판했다.

말솜씨는 세상을 살아가는 데 큰 장점으로 작용한다. 사람들에게 신뢰를 주며 같은 말을 해도 훨씬 더 설득력을 갖게 된다. 주위에 사람이 모이고 성공도 취할 수 있다. 하지만 아무리 뛰어난 언변을 가졌어도 내면의 성품이 따르지 못하면 소용이 없다.

눌언(訥言)

〈삼국지연의〉에는 능변가 예형이 등장한다. 예형은 말을 잘하기로 소문난 인재였다. 그러나 거친 언사와 독설로 조조의 노여움을 샀고, 결국 혀를 뽑힌 채 비참한 최후를 맞았다. 독설(毒舌)은 글자 그대로 혀(舌)에서 나오는 독(毒)이다.

訥言.[8] 공자는 사람의 행동을 중시했다. 〈주역〉에서도 군자의 덕목으로 '용언지신(庸言之信)'과 '용언지근(庸行之謹)'을 강조했다. '항상 말에 믿음이 있어야 하고, 말에 삼가함이 있어야 한다.'는 뜻이다. 송(宋)의 학자 범조우는 이렇게 말했다.

"군자가 말할 때 망설인 뒤에야 내는 것은 말이 어려워서가 아니라 행동이 어렵기 때문이다. 사람은 행하지 않기에 가벼이 말하고는 한다. 말은 그 행하는 바같이 하려 하고 행동은 그 말한 바같이 하려 한다면, 입으로 말을 내는 것이 결코 쉽지 않다."

즉 생각을 하고 실천을 먼저 해야 하는데, 항상 말이 앞서서 일을 그르치는 경우가 많다는 것이다.

나는 논어 「이인편」에 '눌언민행(訥言敏行)'의 고사성어를 좋아한다. 君子(군자)는 어눌하더라도 행동이 민첩하기를 원한다는 말이다. 말을 아끼는 눌언(訥言)과 민첩한 행동을 보여주는 민행(敏行)은 경쟁력이다. 말더듬을 눌(訥) 한 자는 말씀 언(言)과 속 내(內)로 구성되어 있음을 알 수 있다. 진짜 말을 못 해서가 아니라 말조심으로 말(言)이 입 안(內)으로만 맴돌아 잘 나오지 않음을 의미하는 것이다. 즉, 말조심

---

8 말더듬을 눌訥, 말씀 언言, 안 내內.

이 경쟁력이라는 뜻이다.

근자열 원자래(近者悅 遠者來)

심리학에서는 자존감이 높은 사람일수록 긍정적 언어를 많이 사용하는 것으로 분석한다. 한 대학 병원이 통증환자를 1년간 추적 조사한 후 흥미로운 결과를 발표했다. "나는 빨리 나을 거야.", "난 아프지 않아.", "괜찮아.", "좋아."라는 말을 자주 언급하는 환자가 그렇지 않은 환자보다 통증을 빨리 극복하고 회복력도 더 좋았다는 것이다.

논어 〈자로편〉에 나오는 일화이다.

공자가 초나라에 섭공(葉公)이라는 제후를 만나 대화를 나누었다. 섭공은 병법에 능한 군사 전문가이자 정치가였다. 공자와 어렵게 만난 섭공은 나라를 다스리는 비법, 즉 '치국(治國)'에 대한 가르침을 얻고자 했다. 섭공은 초조하게 공자에게 물었다.

"선생님, 날마다 백성들이 도망가니 천리장성을 쌓아서 막을까요? 어떤 기술이 필요합니까?"

잠시 생각하던 공자는 '근자열 원자래(近者悅 遠者來)라네.'라는 여섯 글자를 남겼다. '가까이 있는 사람을 기쁘게 하면, 멀리 있는 사람도 모여들게 마련.'이라는 의미다.

언어의
품격(言品)

궁행(躬行)

躬行.[9] '말을 쉽게 입 밖으로 내지 마라.'는 논어 「이인편」에 나오는 공자의 가르침이다.

'古者 言之不出(고자 언지불출)' 말을 입 밖으로 내지 않다.

'恥躬之不逮也(치궁지불체야)' 몸이 따르지 않음은 부끄러운 것이다.

古者(고자)는 '옛날에'이다. 공자는 "옛 사람이 말을 함부로 내지 않는 것은 몸소 실천함이 말에 미치지 못할까 부끄러워했기 때문이다."라고 하였다. 실천을 궁행(躬行)이라고도 표현한다.

특히 자라나는 어린이에게 어른들은 말을 함부로 하지 말아야 한다. 중국의 한비자(韓非子)는 "어린 자식에게 장난으로라도 거짓말을 해서는 안 된다."라고 하였다.

증자(曾子)라는 사람의 아내가 시장에 나가려 하자 아이가 따라가려고 떼를 썼다. 그러자 아내는 시장에서 돌아오면 돼지를 잡아서 삶아주겠다며 아이를 떼어놓고 시장에 갔다. 아내가 시장에서 돌아오자 증자가 돼지를 죽이려 하였다. 놀란 아내가 아이를 달래려 한 거짓말이라고 하자 증자는 "아이에게 속임수를 가르치려고 하느냐, 어미가 자식을 속이면 자식이 어미를 믿지 않게 된다."며 아이에게 돼지를 잡아주었다고 한다.

---

9 몸 궁躬, 갈 행行.

궁행(躬行)의 삶을 누려야 한다. 부모는 무심코 지나가는 말이라도 바르게 말하고 행동해야 한다. 아이는 부모의 말과 행동을 보며 닮고 영향을 받기 때문이다.

삼사일언

춘추시대의 사상가 노자는 〈도덕경〉에서 '다언삭궁 불여수중(多言數窮不如守中)'이라고 했다. '말이 많으면 자주 곤란한 처지에 빠진다.'는 뜻이다.

격과 수준을 의미하는 품(品)이란 입 구(口)자가 세 개 모여 이뤄진 한자이다. 말이 쌓이고 쌓여 한 사람의 성품(性品)이 되는 것이다. 무심코 던진 말 한마디에 사람의 인격이 드러난다. 사자성어 '삼사일언(三思一言).', '세 번 신중히 생각하고, 한 번 조심히 말하는 것'은 말의 중요성을 강조한다.

신언(愼言)

愼言.[10] 사자성어 중 '삼복백규(三復白圭)'는 공자의 「선진」에서 나왔다. 공자는 신중한 언어를 군자의 덕목으로 삼았다. 그런가 하면 노자는 "총명하고 깊이 살피면서도 죽임을 당하는 사람은 남을 비난하기 좋아하는 자이고, 넓은 지식과 언변을 지니고도 몸을 위태롭게 하는 사람은 남의 악을 들춰내는 자이다."라고 말했다. 노자는 강조하여 신언(愼言, 말을 조심함)을 가르쳤다.

공자의 제자 자공 또한 '사불급설(駟不及舌)'이라고 했다. '네 마리 말이 끄는 수레로도 혀를 따라잡지 못한다.'는 뜻으로, 한 번 내 뱉은 말은 빨리 퍼지고 주어 담을 수 없음을 지적한 것이다.

이러한 선진들의 가르침이 있음에도 우리는 왜 신중히 말하지 못하는가?

'삼복백규(三復白圭)'[11]라는 말이 있다. 삼복(三復)은 세 번 거듭 외운다는 말인데 꼭 세 번이란 뜻이라기보다는 '여러 번 많이'라는 뜻이다. 나는 이것을 반복된 연습, 꾸준한 훈련이라고 말한다.

---

10 삼갈 신愼. 말씀 언言.
11 석 삼三, 되풀이할 복復, 아뢸 백白, 홀 규圭.

말씀 언(言)

한자 '말씀 언(言)' 자를 90도로 눕히면 '마음 심(心)'과 '입 구(口)' 자로 구성됨을 알 수 있다. 마음에 있는 것이 입을 통해 나온 것이 '말씀 언(言)'자인 것이다. 바로 두고 보면 머리 두(亠), 두 이(二), 입 구(口)로 구성되어, 머리로 두 번 생각하고 입으로 말하는 언어라고 해석할 수 있다.

『여씨춘추』에는 공자의 제자들과 어느 농부의 대화가 나온다.

한 번은 공자 일행이 길을 걷다가 잠시 쉬기 위해 멈췄는데, 타고 있던 말 한 마리가 빠져나가 남의 밭의 농작물을 뜯어먹었다. 그러자 그 밭주인인 농부가 말을 붙잡아 버렸다. 말솜씨가 뛰어난 자공(子貢)이 농부를 설득하겠다고 나섰지만 농부는 꿈쩍도 하지 않았다.

이때, 공자를 막 따라나섰던 사람이 나서서 밭주인을 만나 이렇게 말했다.

"그대가 동해에서 농사를 짓지 않고, 나 또한 서해에서 농사를 짓지 않으니 나의 말이 어찌 당신의 이삭을 뜯어 먹지 않을 수 있겠소?"

이 말은 '만약 서로 다른 곳에 있었다면 만날 일이 없었을 것인데, 이렇게 서로 만났기에 내 말이 당신의 농작물을 뜯어 먹을 수 있었다.'는 상황을 부드럽고 유머스럽게 푸는 말이었다.

"아까 왔던 사람과 달리 훌륭한 말솜씨를 지녔구려."

언어의
품격(言品)

농부는 크게 웃고, 흔쾌히 말을 풀어서 넘겨주었다.

자공(子貢)은 공자의 제자들 가운데 가장 부유하고 출세한 제자 중하나였으며 말재주가 뛰어났는데, 공자는 늘 이 점을 경계시켰다. 좋은 말이란 나의 뛰어난 말솜씨가 아니라 상대의 눈높이에 맞추는 것임을 알았기 때문이다. 진짜 말꾼은 간결하며 상대방이 공감할 수 있는 눈높이 말로 전한다.

선언(善言)

자로(子路)는 공자의 제자 중 가장 나이가 많고 거칠고 용맹스러운 사람이었다. 『논어』에서 자로는 공자의 핀잔을 가장 많이 듣지만, 공자가 가장 미더워하는 제자이기도 하다. 훗날 공자가 은거하여 먼 바닷가로 떠날 적에 자로와 함께 하고자 하였다.

선언(善言). 고전에서 교훈을 선언(善言)이라고 한다. 공자의 제자이며 실천가인 증자는 '임종하는 사람은 착한 말을 남긴다.'는 옛말을 인용하여 말했다.

"새가 죽을 때는 울음소리가 슬프고 사람이 죽을 때는 말하는 것이 착하다.(人之將死其言也善 인지장사기언야선.)"

무언(無言)

　무언(無言)은 가장 힘이 센 '비언어'다. 요즘 시대에 꼭 필요한 사자성어가 '과언무환(寡言無患)'이 아닐까 한다. '말이 적으면 근심이 없다.'는 의미다. 서양의 유명한 경구로 "침묵은 금이다."라는 말도 있다.

　칼은 칼집에 있을 때 더 무섭듯이 침묵이 더 위력적이다. '오바마의 51초 침묵'이라는 말이 있다. 애리조나의 슈퍼마켓 총격사고 추모 연설에서, 버락 오바마 대통령은 연설을 중단하고 10초가 지나자 오른쪽을 쳐다봤고, 다시 10초가 더 흐르자 심호흡을 했으며, 침묵한 지 30초가 되자 눈을 깜빡이며 감정을 추스르는 모습을 청중들에게 보여주었다.

　〈도덕경〉에 '지자불언 언자부지(知者不言 言者不知)'라는 구절이 나온다.

　'아는 자는 말하지 않고 말하는 자는 알지 못한다.'라는 뜻이다. 즉 '빈 수레가 요란하다.'는 속담과 결을 같이 하는 구절이다. 사실 말은 많이 해서 문제가 생기지, 덜 한다고 문제가 생기지는 않는다.

말더듬을 인(訒)

인(訒)[12]. 공자는 말만 번지르르한 사람들을 경계했다.

"말 잘하고 얼굴빛 잘 꾸미는 사람 중에 어진 사람은 드물 것이다.(巧言令色鮮矣仁.)" (『논어』 학이편)

한마디로 말을 함부로 하지 말라는 것이다. 제자 사마우가 인(仁)에 대해 묻자, 공자는 "어진 사람은 말을 참아서 한다."라고 대답했다. 말더듬을 인(訒) 자로써 '과묵하며 말을 함부로 하지 않는다.'는 뜻이다.

'仁者 其言也訒(인자 기언야인).' 여기서 '기언야(其言也)'는 '그 말은'이란 뜻이다. 말에는 책임을 지고 실행을 동반해야 한다. 그러므로 어진 사람은 말을 입 밖에 내는 것을 꺼린다. 크고 장황한 말을 하지 않는다. 말을 능숙하게 잘하는 것보다 적절할 때에 꼭 필요한 상황에서 가장 적합한 말을 한다면 그것이 바로 무언의 법칙이다.

지언(知言)

지언(知言)은 도리(道理)에 맞는 말을 의미하고, 부지언(不知言)은 말이 통하지 않음을 뜻한다.

「공손추-上」에서 공손축(公孫丑)이 맹자(孟子)에게 "선생님께서는 어느 것에 특히 뛰어나십니까?" 하고 묻자, "나는 남의 말을 잘 알며, 나는 내 호연지기(浩然之氣)를 잘 기르고 있습니다."고 말했다.

공손축이 다시 "무엇을 호연지기라 합니까?"하고 묻자, 맹자는 다음과 같이 대답했다.

"말로 설명하기는 어렵습니다. 그 기운은 몹시 크고 몹시 굳센 것으로, 그것을 곧게 길러서 해(害)되게 하지 않는다면, 하늘과 땅 사이에 가득 차게 됩니다. 그 기운이 됨은 정의와 도(道)에 맞는 것으로 이 기운이 없으면 굶주리게 됩니다."

공자의 논어 마지막 구절을 보자.

'不知言 無以知人也(부지언 무이지인야).'

이는 "말을 알지 못하면 사람을 알지 못한다."는 뜻으로 그 사람의 말을 이해해야 그 사람을 이해할 수 있다는 의미다.

「안연」 제20장에서는 "다른 사람의 말을 가려듣고"라고 했는데, 말을 가려듣는다는 뜻인 찰언(察言)이 곧 지언(知言)이다. 지언은 남의 말을 듣고 옳고 그름을 분별하여 앎을 의미한다.

작가 루이스 헤이(Louise Hay)는 '마음으로 생각하거나 입으로 말하면 이루어진다.'고 말했다. 대수롭지 않게 여기기 쉬운 말 한마디에

---

12 말더듬을 인㓞

언어의
품격(言品)

도 호연지기를 담는 습관을 기르도록 노력해야 한다. 입으로는 매일 부정적이거나 상처를 주는 말, 비판하는 말을 하기보다는 희망적인 꿈의 말을 해야 한다.

'지행합일(知行合一, 인식과 실천을 일치시키는 것)'은 중국 명나라 중기의 유학자 왕양명의 가르침이다. 즉 앎을 실행하는 습관이다.

인(仁)이란

공자의 제자 사마우(司馬牛)은 말이 많고 경솔한 사람이었다. 귀족 집안의 자제라 항상 잘난 척하고 말이 앞서기가 일쑤였다. 어느 날 사마우가 공자에게 인(仁)[13]의 뜻을 물었다. 공자는 "인은 그 말을 참 느니라."고 대답했는데 사마우는 이 뜻을 이해하지 못해 "그 말을 참 으면 이를 인이라고 이를 수 있습니까?" 하고 물었다. 공자는 "그것을 행하기 어려우니 말을 참고 하지 않을 수 있으리오?" 하고 대답했다.

인(仁). 사마우가 말이 많고 조급하기 때문에 이를 경계하면 어질 인(仁)을 행하는 방법에서 벗어나지 않을 것이라 여기고 해준 스승 의 대답이었다. 공자는 언제나 실언(失言)하는 것을 경계했다.

---

13 어질 인仁

시유삼건

위나라 왕찬(王粲)은 '反金人贊(반금인찬)'을 지어, "한마디 말을 주는 것이 옥구슬보다 낫건만 말세에는 돈후하질 않아서 의리가 바뀌고 말았다."고 한탄했다. 남과의 만남에서는 현안에 대해 함구해야만 옳은 태도가 아니다. 사람도, 말도 잃지 않도록 노력하는 것이 진정한 화술이자 교제술이다.

공자도 이를 감안해 말하기의 어려움을 이야기했다. 그는 "군자를 모실 때 저지르기 쉬운 3가지 잘못이 있다.(侍有三愆, 시유삼건)"고 했는데, "묻기도 전에 먼저 말하는 것은 조급한 것이며(躁, 조), 윗사람이 말을 했는데 대답하지 않는 것은 감추는 것이고(隱, 은), 윗사람의 안색을 살피지 않고 떠드는 것은 눈이 먼 것 이다.(瞽, 고)"라고 했다.(『논어』계씨(季氏)편)

미언(微言)

〈귀곡자〉에는 비겸술(飛箝術)이란 말이 나온다. 상대를 칭찬하여 또는 좋은 면을 띄워주고 그 마음을 단단히 옭아매는 기술이다. 즉, 상대방의 뛰어난 재능을 정확하게 찾아내고 인정해주어 상대방의 마음을 사로잡는 것이다.

미언(微言)[14]. 「춘추좌씨전」 양공 25년의 기록에는 "말을 꾸미지 않으면 오래 효력을 갖지 못한다."고 나와 있다.

공자는 역사서 〈춘추〉를 엮으며 미언(微言, 뜻이 깊은 말)을 통해 서술자의 판단을 공적 평가로 부각시키는 수사법을 활용했다. 지나친 수식을 일삼아서는 안 된다는 의미이다.

자공이 말했다. 「君子(군자)는 一言以爲知(일언이위지) 하며」 "군자는 한마디 말에 지혜롭다 하며 한마디 말에 지혜롭지 않다 하는 것이니, 말을 조심하지 않을 수 없습니다."(자장, 제25장)

상대의 장점과 강점을 인정하고 칭찬해 주는 것은 협력을 이끌어내는 가장 쉬운 방법 중 하나이다. 찰스 디킨스(Charles Dickens)는 "신이 인간에게 귀를 두 개 주고 입을 한 개 준 것은 많이 듣고 적게 말하게 하기 위함이다."라고 말했다.

---

14 작을 미微, 말씀 언言

관포지교

'관포지교(管鮑之交)'란 제나라 재상이었던 관중(管仲)과 포숙아(鮑淑牙)의 사귐이라는 뜻으로 서로 이해하고 믿고 정답게 지내는 우정을 나타내는 고사성어이다.

그런데 관중과 포숙아 두 사람 모두가 이해심이 많은 것은 아니었다고 한다. 포숙아는 이해심이 많았지만 관중은 이해심이 부족할 뿐 아니라 자기 욕심밖에 채울 줄 모르는 사람이었다. 하지만 관중의 부족한 성품에도 포숙아는 그를 비난한 것이 아니라 이해하고 용서해주어 관중도 그에 감동받아 결국에는 착한 사람이 되었다는 것이다.

훗날 관중이 "나를 낳아 준 이는 부모님이지만 진정으로 나를 알아주는 사람은 포숙아였다.(생아자부모 지아자포숙야(生我者父母知我者鮑叔也)"라는 말을 남긴 것은 이해하고 인정해주는 사람이 인생에 얼마나 중요한지를 단적으로 보여주고 있다.

〈탈무드〉는 말한다.

"남의 입에서 나오는 말보다는 자기의 입에서 나오는 말을 잘 들어라."

18

리더십

언어

태도언어

언어가 바뀌면 의식과 생각이 바뀌고 품격도 달라진다. 궁극적으로 언어가 내 삶을 지배하는 것이다. 실존주의 사상가 사르트르(Jean Paul Sartre)는 "나는 내가 말하는 것으로 존재한다."고 했으며, 독일의 실존주의 철학자 하이데거(Martin Heidegger)도 "언어는 존재의 집이다."라고 말했다.

리더십 언어는 말 그대로 앞에서 이끄는 언어다. 리더로서 힘을 발휘하는 말은 강압적이거나 윽박지르는 말이 아니다. 리더십 언어는 언행일치, 즉 품격 있는 말을 하고 그것을 행동으로 증명하는 것이다.

나폴레옹이 유럽을 점령했을 때의 일이다.

하루는 보초막을 살피기 위해 한밤중에 나갔는데, 사병이 자신의 총을 보초막 옆에 세워 놓고 쭈그린 채 잠이 들어 있었다. 나폴레옹은 사병을 깨우지 않고 자신이 대신 보초를 섰다. 한참 후에야 깨어난 보초병이 장군을 보고 소스라치게 놀랐다. 그가 용서를 구하자, 나폴레옹이 말했다.

"그래, 얼마나 피곤한가? 잠깐 쉬지 그래. 내가 대신 보초를 설 테니 말이야."

감격한 사병은 그 후 평생 나폴레옹을 위해 충성했다고 한다.

이처럼 리더의 태도와 언어는 한 사람의 인생을 바꾸기도 한다. 또한 리더는 책임을 질 줄 알아야 한다. 문제가 발생했을 때 리더는 "이 문제는 내 책임입니다."라고 과감히 인정할 수 있어야 한다.

미안해요

미국의 심리학자 엘마 게이츠(Elmer R. Gates)는 놀라운 연구 결과 하나를 발표하였다. 매일 긍정적인 말을 많이 하는 사람과, 욕을 많이 하는 사람의 침의 침전물을 추출해 비교분석한 것이다.

긍정적인 말을 많이 한 사람의 침의 침전물은 핑크빛이고, 욕을 많이 한 사람의 침의 침전물을 갈색을 띠었는데 이를 실험용 쥐에게 투여했더니 금방 죽었다는 사실이었다.

확언하건데, '감사합니다. 사랑합니다. 고맙습니다. 수고하셨습니다. 죄송합니다.'와 같은 긍정적인 언어들을 사용할수록 개인적, 사회적인 행복에 도움이 된다. 또한 희망의 언어를 자주 사용하자.

더글러스 맥아더(Douglas MacArthur)는 "희망을 품으면 젊어지고, 절망을 품으면 늙는다."는 의미 있는 말을 했다.

최고의 평화의 언어는 "미안해요."이다.

나는 수시로 나 자신의 부족함을 '미안해요.'로 나눈다. 이를테면,

자주 연락하지 못해 '미안해요.' 더 좋은 곳에서 식사하지 못해 '미안해요.' 하루를 마감하면서 서로가 '미안해요!'로 나눈다. 어떤 관계든 '미안해요.'라는 말이 오고가면 서먹함이나 서운함, 갈등 등이 한결 줄어들게 된다.

그물망 언어

로버트 제누아(Robert Genua)는 "말을 하기 전까진 아무 일도 일어나지 않는다. 모든 것이 우리의 입에서 나오는 말에 달려 있다. 우리가 인생에서 바라는 모든 것이 우리가 무슨 말을 어떻게 하느냐에 달려 있는 것이다."라고 말했다.

우리가 사용하는 모든 말은 그물망 역할을 한다. 그물망을 던져놓으면 물고기가 걸리듯 우리가 던져놓은 말도 그물망이 되어 행동과 결과들이 걸려든다.

부정적인 말을 던져놓으면 부정적인 것들이 끌려오고, 긍정, 희망, 기대, 인정해 주는 말을 던져놓았다면 그대로 소출을 끌어 올릴 수 있을 것이다. 그래서 우리는 미래 지향적인 그물망을 던져놓아야 한다.

격려, 칭찬, 긍정, 꿈, 희망에 해당되는 말은 모두 그물망 언어이다.

"좋다.", "괜찮아." 등 긍정적 단어도 그물망 언어다. 자녀들이 던지는 그물망 언어로는 "아빠, 멋져!", "엄마, 고마워요." 등이 있고 부부 사이에는 "당신을 만나서 행복해요.", 직장에서는 "자네, 믿음직스럽네.", "이번 영업성과는 정말 훌륭해!" 등이 있다.

고매한 언어

크게 성공한 사람들을 연구한 데일 카네기(Dale Carnegie)의 통계를 보면, 그들은 몇 가지 언어를 전혀 사용하지 않는다고 한다.

바로 '없다. 잃었다. 안 된다.'였다.

미국의 사상가이자 시인인 에머슨(Ralph Waldo Emerson)은 다음과 같은 의미심장한 말을 남겼다.

"사람은 누구나 자신이 하는 말로 스스로를 비판한다. 원하든 원치 않든 간에 말 한마디가 남 앞에 자기의 초상을 그려 놓은 셈이다."

기업들과 전문 변호사들을 상대하며 오랜 시간 소통의 중요성과 그 영향력을 분석, 성찰해 온 로버트 제누아는 "말은 말하는 이의 진짜 내면을 알 수 있는 단서를 제공한다. 그 단서의 조각들이 모이면 인간성이라는 모자이크가 완성된다. 우리가 하는 말로 우리의 진짜 모습, 진정한 내면을 간파하는 것이다, 이를 통해 우리의 이미지가 형성되고 성공이 결정된다."15고 했다.

---

15 로버트 제누아, 당신의 입을 다스려라, 바다출판사, p186.

19

정직한

언어

정직

　미국에서 사업에 성공한 2,000여 명을 대상으로 조사한 결과, 자신이 성공할 수 있었던 가장 큰 요인으로 '정직'을 꼽았다고 한다.

　영국 속담에는 "하루만 행복하려면 이발을 해라. 일주일 동안 행복해지고 싶거든 결혼을 하자. 한 달 동안 행복하려면 말을 사고, 한 해를 행복하게 지내려면 새 집을 지어라. 그러나 평생을 행복하게 지내려면 정직하라."는 말이 있다. 정직함의 힘이 얼마나 위대한지 알려주는 말이다. 그래서 언어 중에 최고는 정직한 언어이다.

　사람의 가장 돋보이고 매력적인 부분은 역시 정직함이다. 칸트는 일찍이 "정직이 최선의 정책"이라고 말했다. 기억하자. 예나 지금이나 정직은 사람을 평가하는 기준이 된다.

유머 언어

　빈 말이 아닌 진심이 가득 찬 말로 내 마음을 나누고 싶다. 그래서 누군가와 만나면 나누는 인사가 '복 많이 받으세요.', '부자 되세요.'라는 정겹고도 포근한 말이다.

다음은 인터넷에 떠도는 유머이다.

정치인들을 가득 실은 버스가 시골길을 달리다가 길가의 가로수를 들이받고 논에 처박혔다. 그 광경을 목격한 논 주인은 버스로 달려가 상황을 살펴보고는 사람들을 전부 매장해버렸다. 며칠 후, 경찰 조사관이 나와 농부에게 몇 가지 질문을 하였다.

"살아 있는 사람이 한 사람도 없었습니까?"

농부가 대답했다.

"있기는 했습니다. 몇몇 사람이 안 죽었다고 말을 했지만, 정치인의 말을 믿을 수가 있어야죠."

누구든 믿을 수 없는 사회적 불신 현상을 빗대어 만들어진 유머다. 즉 세상에 믿을 사람이 거의 없다는 의미다.

언시(言施)

한자 "언시(言施)"[16]는 '베풀면 반드시 되돌아온다.'는 의미다.

언어로써 얼마든지 베풀 수 있다. 사랑, 칭찬, 위로, 격려 그리고 양보, 부드러운 언어를 나누어 보자. 곧 나에게로 되돌아오게 된다.

2014년 12월, 대한항공 '땅콩회항' 사건으로 우리 사회가 온통 떠

---

16 말씀 언言, 베풀 시施

들썩했다. 이른바 '갑질'이라고 불리던 오너들의 행태가 다시금 수면 위로 떠오른 사건이기도 했다. 국민들의 공분을 샀고 이 일로 전 조현아 부사장은 감옥형을 선고받았다. 사회적 지위는 높았으나 그에 걸맞는 기본적인 사회적 언품을 갖추지 못해 발생한 일이다. 2018년 대한항공 일가족 갑질도 동일하다.

2015년 4월 21일, 이완구 전 국무총리가 불명예스럽게 사퇴했다. 그는 단 63일의 임기로 최단명 총리라는 오명을 썼다. 분석가들은 그가 자리에서 물러나게 된 요인들로 말실수, 거짓말, 성격, 표정, 정직하지 못함 등을 꼽았으며, 공인으로서 인성과 태도에 의문점이 많았다는 평이 일반적이다.

버락 오바마 전 미국 대통령은 방송이나 연설, 대화 등에서 자신의 소신을 관철하기 위해 거울을 들여다보며 표정, 윙크, 웃음, 유머러스한 모습 등을 연구하고, 인사, 악수를 할 때도 자신의 태도를 다양하게 연습한다고 한다.

우아한 품격 인사

미국 프린스턴 대학 심리학 연구팀에서 내놓은 연구결과가 대단히 놀랍다.

누군가를 처음 만났을 때, 상대방을 판단하는 시간이 고작해야 1초라는 것이다.

요즘은 인격으로 평가받는 시대다. 그 사람이 보여주는 태도, 말, 행동, 매너, 표정, 언어, 의상 등이 쌓여 인격이 결정된다.

누구나 사회적인 시선 속에서 살아간다. 내가 쌓아온 나의 태도와 분위기로 첫인상을 만드는 것이 고작 1초라고 하니, 잠시 인격자인 체를 한다고 해서 고상한 인격을 갖출 수 있는 것이 아니다. 끌리는 매력, 남들이 따라줄 만한 품성, 믿을 만한 인격을 평소에 늘 만들고 가꾸어야 한다.

일상생활에서 빠질 수 없는 가장 기본적인 태도가 인사다. 공자가 쓴 오경(五經) 가운데 예기(禮記)에서는 '인사는 술을 만드는 데 있어서 누룩과 같은 것'이라고 하였다. 인사가 사람살이에서 없어서는 안 되는 매우 중요한 행위임을 일러주는 말이다.

인사는 상대방을 인정하고 존경한다는 표현이다. 동서고금을 막론하고 사람됨을 평가하는 중요한 척도가 되어왔다. 예기(禮記) 곡례편(曲禮篇)에 보면, "서 있는 사람에게 물건을 줄 때는 앉아서 주지 말아야 하며, 앉아 있는 사람에게는 서서 주지 말아야 한다."라고 가르친다. 예기(禮記)에서 말하는 '예(禮: 예도, 예절, 경의)'는 세 가지 면에서 다듬어져야 한다고 적혀 있다.

첫째는 '자세'와 '태도'이고, 둘째는 '안색'(顔色)이다. 그리고 셋째는 경우에 걸맞는 '언어(말)'를 할 줄 아는 것이라고 했다.

사람들로부터 가장 호감을 얻는 사람은 어떤 사람일까?

사회생활에서 최고의 칭찬 중 하나는 '인사성이 밝다.'는 말일 것이다. 정성껏 나누는 인사말은 일상이나 직장생활에서 만나는 사람들에게 친절을 표현하는 최고의 우아한 품격(品格)이다. 어디를 가든 누구를 만나든, 인사를 잘하는 사람은 늘 환영받고 적(敵)을 만들지 않는다. 그리하여 여전히 많은 사람들에게 호감을 얻는 최고의 인격(人格)은 '먼저, 자주, 웃는 얼굴로 우아한 인사를 나누는 것이다.'

좋은 품격(品格)

사람의 말 속에는 성품(性品)이 담겨 있다. 좋은 품성을 가진 사람은 자연스레 아름다운 말을 사용한다. 19세기 영국의 시인 바이런(George Gordon Byron)은 "말은 사상이다. 작은 잉크 방울이 안개처럼 생각을 적시면 거기에서 수백, 수천의 생각이 가지를 치고 나온다."고 말했다. 미국의 영향력 있는 설교가 앤디 스탠리(Andy Stanley)도 "성품은 말보다 더 크게 말한다."라고 말했다.

탈무드에서는 좋은 품성을 다음과 같이 정의한다.

생각을 조심하게나. 생각은 말의 씨가 된다네.

말을 조심하게나. 말은 행동으로 이어진다네.

행동을 조심하게나. 행동은 습관이 될 수 있다네.

습관을 조심하게나. 습관은 품성을 만든다네.

품성을 조심하게나. 품성은 운명을 바꾼다네.

  좋은 품성은 좋은 생각과 감정, 그리고 긍정적인 말로 표현하는 훈련을 통해 형성된다. 생각과 행동이 습관이 되고 그 습관이 모여 나의 품성이 되는 것이다. 이렇게 형성된 품성은 한 사람의 운명을 만든다.

역전케 하는 힘

  전한시대의 역사가인 사마천(司馬遷)의 〈사기[17]〉를 보면 '초한전쟁(楚漢戰爭)'이야기가 나오는데, 기원전 206년 진나라의 멸망 후 서쪽의 초나라 패왕 항우와 한나라 왕 유방과의 5년에 걸친 전쟁을 말한다.
  초나라의 항우는 명문가 출신으로 뛰어난 호걸이었다. 반면 한나라의 유방은 항우의 상대가 되지 못했다. 그런데 훗날 결과적으로는 유방이 천하를 통일하고 항우는 비참한 최후를 맞는다. 역사적으로

17 중국 전한 왕조 무제 시대에 사마천이 저술한 중국의 역사서이며, 중국 이십사사의 하나이자 정사의 으뜸으로 꼽힌다.

가장 놀라운 역전의 장면 중 하나다. 두 사람의 운명이 역전된 까닭은 과연 무엇일까?

많은 학자들이 유방과 항우의 결정적인 차이를 〈리더십〉과 〈말솜씨〉로 보고 있다.

유방은 수하의 장수들보다 뛰어나지 않았지만 그들 각자의 장점을 정확하게 파악하고 일을 맡겼으며, 그들을 전적으로 신뢰했다. 항우는 자신의 능력을 과신했으며 수하에 모여든 부하들을 믿지 못했다.

항우의 수하에는 탁월한 장수였던 한신과 최고의 전략가인 범증이 있었는데 이들은 자신들을 신뢰하지 못하는 항우에게 불만을 갖고 있었다. 이를 안 유방은 한신과 범증의 능력을 인정해 주었고 뛰어난 말솜씨로 그들을 결국 자신의 편으로 만들 수 있었다.

'말은 그 사람의 내면의 표현이다.'라는 말이 있듯이, 폭넓은 학습과 수양을 통해 다져진 탄탄한 내면에서 '촌철살인(寸鐵殺人)'[18]의 표현이 나오는 것이다. 공자가 편수했다고 전해지는 중국 최초의 역사서 〈춘추좌전〉에는 "군자는 머리를 쓰고 소인은 힘을 쓴다."는 말이 실려 있다. 평소에 고전에 있는 지혜를 공부하고 그 속에 있는 말들을 적재적소에 활용한다면 결정적인 한마디로 사용할 수 있을 것이다. 지혜로운 사람이 되도록 부단히 노력하자.

---

18 '작고 날카로운 쇠붙이로도 사람을 죽일 수 있다.', '짧은 경구로도 사람을 크게 감동시킬 수 있다.'는 뜻이다.

호감을 사는 7가지 품격

- 다른 사람에게 관심을 갖고 그들의 장점을 칭찬하는 습관을 기른다.

- 대화할 때 상대방에게 확신을 줄 수 있는 설득력을 기른다.

- 자신의 신체 조건과 자신이 하는 일에 어울리는 복장을 갖춘다.

- 당신이 원하는 성격을 선정하고 그에 맞게 적극적으로 성격을 개
  조한다.

- 따뜻한 감정과 정열을 표현할 수 있는 인사 기술을 익힌다.

- 자신의 유일한 한계는 자신의 마음속에서 정해지는 것임을 깨닫는다.

- 다른 사람에게 호감을 가짐으로써 호감을 갖게 한다.

-나폴레옹 힐

말은 사상이다. 작은 잉크 방울이 안개처럼 생각을 적시면 거기에서
수백, 수천의 생각이 가지를 치고 나온다

조지 고든 바이런

20

성숙한

언어 습관

언어습관을 기르기 위한 이 책은
절대로 책장에만 비치되어서는 안 된다.
언어에 대한 새로운 시각을 가지고,
상황에 알맞은 말을 하고,
부드러우면서도 담대하게 말하는 것은
꾸준히 훈련해야만 가능한 것이다.

참사랑 언어

말이든 무언의 표현이든, 언어는 강한 힘을 갖고 사람들에게 지속적으로 긍정적, 혹은 부정적 영향을 미친다. 말은 생명을 죽이기도, 또 살리기도 한다. 또한 세우기도 하고 무너뜨리기도 한다.

성경에서 지혜의 왕으로 불리는 솔로몬은 말이 가진 힘에 대해 아주 강력한 정의를 내리고 있다. "죽고 사는 것이 혀의 힘에 달렸나니 혀를 쓰기 좋아하는 자는 혀의 열매를 먹으리라."(잠 18:21)

그래서 우리의 내면 깊은 곳에서 말을 갈고 닦아 선택된 언어를 사용해야 하는 것이다.

인간은 이미 언어를 선물로 받았다. 언어를 사용하여 생각하고, 듣고 말하고, 감정을 표현할 수 있다. 선물은 받은 이가 어떻게 사용하느냐에 따라 그 가치가 얼마든지 달라질 수 있는 것이다.

부모는 자녀가 다음과 같이 대답할 때 최고로 행복해진다.

"네, 아빠. 물론이에요."

"역시 우리 엄마가 최고예요."

"우리 부모님은 참 지혜로우세요."

배우자가 다음과 같이 말할 때 부부는 서로가 행복해진다.

성숙한
언어 습관

"여보, 당신 말이 맞아요."

"당신이 언제나 옳아요."

"당신과 함께여서 정말 행복해요."

배우자에게 사과해야 할 일이 생겼다고 가정해보자. 사과를 하려는 그 순간, 상대방이 손을 잡으며 말한다.

"당신처럼 날 진심으로 사랑하는 사람과 산다는 게 감사할 뿐이지. 여보, 미안하다고 말하지 말아요."

사랑으로 가득 찬 마음에서 고운 말, 감사의 말, 치유의 말이 나오기 시작한다. 참사랑은 감사하는 마음에서 시작되며 감사하면 할수록 사랑의 마음도 증폭된다.

일상의 언어

의식하지 못해도 우리의 삶은 매 순간 말로 가득하다. 모든 순간은 말의 영향을 받는다. 말만큼 일상에 큰 영향을 미치는 요소도 없을 것이다.

그런데도 많은 사람들이 말을 그다지 중요하게 여기지 않는다. 그러나 실제로 말은, 존재의 목적을 이루기 위한 도구이자 선물이다.

진짜 말재주란 듣는 사람과 말하는 사람 모두에게 긍정적인 영향을 끼치는 힘이다. 듣는 사람이 흥미를 잃지 않고, 공감하며, 무딘 감각에서 깨어나도록 해주는 것이다. 유창한 말을 위한 싸움은 장기전이라서 날마다, 시간마다, 끊임없이 계속된다. 그래서 나의 혀, 언어를 다스리는 것은 성숙의 표시라고 할 수 있다. 유대인들은 다음의 말을 삶의 기본철학으로 삼고 살아간다.

"의인은 말은 적게 하지만 행동은 많이 한다."

우리가 내뱉는 모든 말에는 방향이 있다. 격려, 희망, 칭찬, 사랑, 평화, 일치, 교훈, 지혜, 교정의 말은 생명으로 향한다. 분노, 악의, 비방, 질투, 험담, 분열, 멸시, 차별, 폭력, 판단, 정죄의 말은 좌절로 향한다.

과학자들은 활기찬 목소리는 몸 속 세포들의 결속력을 높이는 화학적 변화가 일어난다는 사실을 발견했다. 입에서 나가는 언어가 그만큼 중요한 까닭이다.

악한 말

악한 말은 의심을 먼저 불러오고, 노골적으로 비방한다.

부모에게 감사 표현하기

유대인들은 부모에게 감사를 표해야 할 의무가 있다고 가르친다. 감사의 마음을 애정과 고마움을 말로써 전하라고 한다.

성숙한
언어 습관

난 내가 좋아

나의 소중한 지인 박진호 교수는 스피치 분야의 최고 권위자 중 한 사람이다. 그는 스피치 연구를 하며 무엇보다 중요한 사실 하나를 깨달았다고 했다. 그것은 바로 '남을 칭찬하고 인정해주기 전에, 먼저 나 자신을 인정해야 한다는 것'이었다. 나의 존재가치를 인정하고 스스로에게 너그러울 수 있는 사람만이 타인을 인정하고 존중할 수 있다는 것이다.

박진호 교수는 〈난 내가 좋아〉 배지를 만들어 사람들과 나누고 있다.

지금 이 순간, 스스로에게 "난 내가 좋아."라고 말해주자. 우리 자신만이 내 삶을 생중계하는 중계자다. 중요한 것은 지금 그대로 인정해 주는 것이다.

"정말 잘했구나. 이렇게 잘할 수 있다니. 최고다." 하고 나 자신을 인정하자.

사랑이란 그 사람을 인정해 주는 것이고 현재 내가 있는 곳에서 내가 하는 일에 정성을 다 쏟는 삶을 사랑하는 것이다.

영국의 시인 겸 성직자 존 던(John Donne)은 "언어의 정확성뿐 아니라 섬세함과 하모니와 멜로디, 고도의 은유와 상징을 사용하길 기뻐해야 한다. 이것들이 독자들에게 더 큰 감동을 주기 때문이다."라고 말했다.

언어가 더 빛나기 위해서는, 마치 멋진 음악을 들을 때처럼 모든 억양, 모든 강세, 모든 음정 조절이 완벽하게 맞물려 돌아가고 적재적소에 배치되어야 한다.

말의 유창함은 강력한 어투, 문투, 독특한 개성을 갖추고 있어야 한다. 고대 그리스 소피스트(기원전 5세기부터 기원전 4세기까지 그리스를 중심으로 활동했던 철학사상가이자 교사들. 설득을 목적으로 하는 논변술을 강조하였으며, 진리와 정의를 상대적인 기준으로 바라보았다.)들은 유창한 언변을 갖추기 위해 어투와 형식에 큰 가치를 두고 훈련에 집중했다.

비방

- 애꿎은 타인에게 막말로 쏘아붙인 적이 있는가?
- 지워지기 힘든 얼룩을 남기지는 않았는가?
- 꼭 필요한 말만 했는가?
- 한마음으로 말하고 행했는가?
- 듣기는 속히 하고 말하기는 더디 했는가?
- 타인을 비하하거나 경멸하거나 절망을 주는 말로 짓밟지는 않았는가?
- 내가 경험하지 않은 것을 진실이라고 우기지는 않았는가?

• 다툼을 일으키는 말을 하지는 않았는가?

지금 결심해보자. 절대로 타인을 비방하지 않고 나의 성취를 자랑하지 않겠다고. 언제나 친절한 마음으로 고운 언어를 사용하겠다고 말이다. 절대로 투덜대지 않겠다고, 정직하지 않은 말을 하지 않겠다고 결심해보자. 그리고 주변에 도움이 필요한 사람이 있다면 그를 위해 격려의 말을 해주고 그를 위해 기도해보자.

나의 말을 같은 거리에서도 더 넓게 볼 수 있는 광각렌즈를 통해 보면 나 자신을 좀 더 객관적으로 볼 수 있다. 내 속에 언어의 찌꺼기가 얼마나 많은지, 마음의 정화가 왜 필요한지 알 수 있을 것이다.

온화함의 내면

나는 소망한다. 사람들 모두가 친절한 사람이 되기를…….

사람을 끌어당기는 매력은 온화한 내면에 있다. 내면 깊은 곳의 온화함의 울림은 주위 사람들에게 전해지게 된다.

중세 시대의 성인 이냐시오 로욜라(St. Ignatius of Loyola)는 "사물에는 좋거나 나쁨이 없고 모두 중립적이다."라는 말을 남겼다. 좋고 나쁨은 모두 상대적이라는 의미이다. 내가 상대방을 어떻게 대하느냐에 따라 관계도 달라지는 것이다.

행복의 출발점은 스스로 자신이 가치 있는 존재라는 것을 마음에 새기고 인정하는 것이다. 온화한 마음을 지닌 사람들은 만나는 사람을 진정 마음을 가다듬고 소중함으로 대한다.

명심하자. 우리 속에 내재된 온화함은 향기로운 수선화가 자신의 향기를 주변에 감돌게 하듯이 자연스럽게 흘러나오는 것이다.

아래와 같이 결심해보자.

- 결심 1. 절대로 타인을 비방하지 않겠다.
- 결심 2. 정직한 사실 외에는 말하지 않겠다.
- 결심 3. 그 누구에 대해서도 나쁘게 말하지 않겠다.

좋은 생각

심리학자 칼 융(Carl Gustav Jung)은 "우리는 인생에서 두 번 결혼한다."고 말했다. 모르는 사람끼리 만나서 하나가 되는 것이 첫 번째 결혼이다. 경험도 성장 배경도 가치관도 다른 두 사람이 앞으로 협력해서 살아가겠다는 것이 두 번째 결혼이다.

좋은 생각을 갖기 위해 좋은 글을 많이 접할 것을 권한다. 고운 마

성숙한
언어 습관

음을 갖고 고운 언어를 사용하기 위해서는 책을 읽고 지혜를 얻어야 한다.

어떤 사람을 만날 때, 겉모습을 넘어 그 사람의 내면을 마주한다는 느낌을 받을 때가 있을 것이다. 선하고 긍정적인 내면은 말과 행동을 통해 향기롭게 드러나게 마련이다. 그러므로 좋은 생각을 갖자. '이제 어떻게 하지?' 하는 순간이 중요하다. 책망하는 대신 현재를 있는 그대로 긍정적으로 받아들이자.

사람은 누구나 자유롭게 생각할 권리를 갖고 있다. 나는 식사를 하든 책을 읽든 선택한 것에 대해 '매우 좋다.'고 생각하고 대한다. 내가 나의 선택에 만족하는 것은 누구도 침범할 수 없는 나의 자유다. 매 순간 좋은 생각을 선택하자. 그저 '좋다.'고 마음먹으면 된다. 즐거운 생각을 선택하고 밝고 기쁜 생각을 당신 안에 가득 채우자.

기쁜 마음으로 권한다. 평소 좋은 말을 많이 떠올리고 다른 사람의 장점을 보려고 노력하자. 분명 거기에서 에너지가 솟아오르고 좋은 일이 생기며 넘치는 행복으로 이끌어 줄 것이다.

말은 파괴하는 힘이 있다. 제어되지 않은 날카로운 한마디는 깊은 상처를 낸다. 숙고 없는 엉성한 말, 매정한 농담 하나가 도저히 회복할 수 없는 상처를 주고 파괴한다. 부주의한 한마디 때문에 삶이 부서질 수도 있다. 그래서 나는 종종 말한다. 여럿이 모인 자리에서 좋은 말을 할 수 없다면 차라리 아무 말도 하지 않는 편이 낫다고 말이다.

예술적인 언어

언어는 문학적 도구다. 예술적인 언어는 적대적인 마음에도 큰 공감을 일으킬 수 있다. 문학적 도구로써의 언어란, 생생한 동사론, 교차대구법, 평행법, 과장법, 반어법, 역설법, 직유법, 은유법, 대화, 풍자, 의성어, 반복, 리듬 등이 있다. 이러한 아름다운 문학적 언어를 사용하여, 당신의 말에 예술적인 아름다움을 더해 사용해보자.

예술적인 언어는 무딘 감각을 깨우고 집중하게 만드는 힘이 있다. 문학적 도구를 갖춘 예술적인 언어는 유려하고, 즐겁고, 신비하기까지 하다. 말하는 사람과 듣는 사람을 가까워지게도 한다.

예술적인 언어는 진리나 격언 등과 결합하여 더 큰 힘을 발휘한다. 또한 대화의 가치를 훨씬 더 빛나게 만든다. 우리 모두가 유창한 언어를 사용하고 예술적 즐거움의 언어를 능숙하게 구사할 수 있기를 바란다.

때에 따라 부드럽게 또는 날카롭게 말의 균형을 잡을 줄 아는 지혜가 필요하다. 날카로운 말은 옳은 말로 부당한 상황을 전환하는 말이다.

거친 말과 부드러운 말

거친 말과 부드러운 말 모두 말하는 이의 성품에 뿌리를 두고 있

성숙한
언어 습관

다. 사랑에서 비롯된 말은 부드럽다. 우리는 자신에게 또 타인에게 더없이 부드럽게 말할 수 있도록 애써야 한다. 부드러운 한마디가 사람을 살리기도 한다.

분노에서 나오는 말

화난 사람의 입에서는 폭언이 나온다. 분노에서 나온 말은 독선적이며 싸움을 거는 말이다. 거친 말은 관계를 깨어지게 된다.

괜찮아

'괜찮다.'는 말, 누구나 괜찮지 않지만 괜찮다고 말할 때가 있다. 더 중요한 무언가가 있을 때 사람들은 괜찮다고 말한다. 언젠가 나는 약속장소에 이십 분가량 늦게 도착했다. 상대방에게 미안하다고 사과하자 그는 미소를 지으며 괜찮다고 말했다. 그 정도는 괜찮다고 아무렇지 않다고, 사랑하니까 괜찮다고. 그 말이 큰 위로가 되었다.

상대방이 나에게 상처를 주거나 마음을 아프게 했을 때를 떠올려보자. 그의 실수보다 그의 존재가 중요하다면 우리는 관대하게 말할 수 있다.

"괜찮아."

모든 생각을 다 말해선 안 된다.

상대가 청하지도 않은 비판의 말을 해서는 안 된다. 그 비판이 결국 내게 돌아온다. 상황에 어울리지 않는 농담을 던지는 것도 결국 스스로를 궁지에 몰아넣는 일이다.

짧은 감탄사

"좋더라고요."

좋은 것을 보면 꼭 잊지 말고 표현하자.

"좋더라고요."

그저 좋다는 짧은 감탄사로 기쁨을 불러올 수 있다. 옷차림이 좋더라구요. 즐거웠다고, 행복했다고, 고마웠다고 말하자. 사랑하는 사람들과의 대화에서 설렘의 기운을 고백하자.

"저기는 어떨까요?", "좋습니다."

성숙한
언어 습관

21

1등의
대화기술

1등 대화기술

어느 왕국에 한쪽 눈이 멀고 팔다리도 하나뿐인 왕이 있었다.

왕은 자신의 체면과 위엄을 그 무엇보다 중시하는 사람이었다. 그는 자신의 자태를 그림으로 후손들에게 남겨 영원히 잊히지 않기를 바랐으므로 왕국에서 가장 뛰어난 화가들을 불러 자신의 초상화를 그리도록 했다.

첫 번째 화가는 뛰어난 실력으로 마치 그림 속에 왕이 살아 있는 듯 생생하게 그려냈다. 하지만 왕은 괴로운 듯 말했다.

"이런 모습을 후대에 남길 순 없어!"

두 번째 화가는 첫 번째 화가의 실패를 보고 겁이 나서 왕의 모습을 완벽에 가깝게 묘사한 그림을 그려냈다. 하지만 왕은 오히려 더 화가 난 듯 말했다.

"이건 내 진짜 모습이 아니야! 감히 네가 날 비웃다니……."

왕은 두 화가에게 엄벌을 내렸다.

세 번째 화가는 크게 고민했다. 생생한 그림도, 완벽한 묘사도 왕의 마음에 들지 않았기 때문이다. 화가는 한참 생각하다 꾀를 내어 왕이 한쪽 무릎을 꿇고 한쪽 눈을 감은 채 활을 쏘는 모습을 그렸다. 왕은 그제야 크게 기뻐하며 자신의 모습을 있는 그대로 그리되 결점을 위엄으로 바꿔준 세 번째 화가에게 후한 상을 내렸다고 한다.

그렇다. 사람과 사람 사이를 부드럽고 행복하게 만드는 사람은 지식이 많은 사람이 아니라 지혜가 넘치는 사람인 것이다. 1등 대화기술을 갖추고 세일즈의 대가가 되길 원한다면 평소에 지혜를 채워주는 독서를 하고 인문학적 생각을 반드시 갖기 바란다.

먹히는 대화법

설득하는 대화법은 절대 누가 가르쳐 주어서 얻을 수 있는 것이 아니다.

나에게 맞는 것을 찾아 내 것으로 만들어야 하는 것이다.

나는 현장에서 먹히지 않는 대화법을 수 없이 접했다. 계속된 관찰 끝에 많은 영업자(세일즈맨)들이 빠지는 함정을 발견할 수 있었는데, 그것은 고객으로서, 판매자로서의 입장의 차이를 고려하지 않는 것이었다. 고객의 속마음을 읽지 못하고 겉마음을 보고 거래를 하려는 것이다.

고객이 지금 무엇을 필요로 하는지 그 마음은 헤아리지 않고, 불쑥 다가가서 내가 가진 정보만을 전달하고 상품을 강매하려는 태도였다. 고객은 결코 강요에서 끌어올 수 있는 존재가 아니다.

미국의 철학자이자 교육학자인 존 듀이(John Dewey)의 말처럼 "사람은 누구나 중요한 사람이 되고 싶은 욕망"을 가지고 있어서, 상대방에게 중요한 사람으로 대우받기를 원한다.

상대방에게 존중받는 사람이라는 느낌을 갖게 하는 원리의 첫 번째는 눈을 맞추는 것이다. 눈빛과 눈빛을 마주쳐야 비로소 대화가 시작되고 시선은 말의 방향을 결정짓는다. 눈을 마주치면서 말을 해야 그 말이 온전히 상대방에게 가 닿는다.

그 다음의 원리는 소리내기다. 상대방의 이야기에 집중하고 있다는 신호로 "정말, 좋아, 대단해, 멋져, 그래, 맞아, 그랬구나, 그래서, 어떻게 된 거야, 더 자세히 말해 봐, 그러게 말이야, 어떻게 하니, 내가 가 줄까, 속상했지, 당황스러웠지." 등 호응과 맞장구를 적절히 활용한다.

다섯 마디 이상 주고받기

설득 대화법이 먹히지 않는 것은 우선 대화와 질문, 반응이 짧기 때문이다. 최소한 고객이 다섯 마디 이상 대화를 주고받아야 고객의 니즈를 읽고 끌어낼 수 있다. 그런데 눈높이가 차이가 있음에도 한두 마디로 고객의 만족을 이끌어내려 한다. 1등 대화기술의 첫 번째는 주고받는 대화가 다섯 마디 이상이 되어야 한다는 것이다.

1등의
대화기술

다음은 미용실에서 먹히지 않는 대화의 사례다.

> 미용사: 어서 오세요. 어떤 스타일로 해드릴까요?
>
> 손님: 짧고 단정하게 커트해 주세요.
>
> 미용사: 예, 알겠습니다.

이러한 짧은 대화로서는 상대방의 필요와 속마음을 읽어낼 수도 없으며 서로의 의견 차이를 좁힐 수도 없다. 뜬구름처럼 핵심을 놓치게 된다. 고객의 소소한 단서라도 끌어내야 하는데, 그러질 못했다. 좀 더 세밀하게 대화를 확장시켜야 하는데 대화가 차단되었다. 고객만족으로 이어지지 못하는 것이다.

이번에는 미용실에서 먹히는 대화의 사례다.

> 미용사: 어서 오세요. 어떤 스타일로 해드릴까요?
>
> 손님: 짧고 단정하게 커트해 주세요.
>
> 미용사: 혹시 지금 스타일이 마음에 들지 않으세요.
>
> 손님: 그냥 뭐 짧은 것이 좋아서요.
>
> 미용사: 손님은 둥근 얼굴형이라 아주 짧은 것보다 약간 길고 부드러운 스타일이 더 잘 어울리세요.
>
> 손님: 아, 그래요?
>
> 미용사: 혹시 하시는 일이 내근직이세요. 외근직이세요?

손님: 내근직이에요.

미용사: 그러면 차분하면서도 산뜻한 느낌이 들도록 잘라드릴게요.

손님: 네, 좋아요!

　탁구공을 주고받듯이 여러 번 대화가 오가야 상대의 실력을 제대로 알 수 있다. 마음을 얻는 데 필요한 최소한의 대화 요령이며 진정한 욕구를 읽는 데 필요한 시간이다. 고객의 요구를 무시한 채 진행하는 제안형 세일즈는 먹히지 않는 대화법이다. 상대방의 요구를 제대로 듣지 않고 자신의 주장이나 제안만 들이밀어서는 설득할 수 없다.

마법의 대화기술 4단계

　다음의 흐름 4가지를 익히면 마법의 대화기술을 발휘할 수 있다. 실전에서 사용해 보기 바란다.

첫 번째 단계, 질문 대화
　질문으로 고객의 필요 사항이 무엇인지를 간파해야 한다. 만약 백

1등의
대화기술

화점이라면 먼저 다가가서 "어서 오세요. 지금 사용하시는 제품에 뭔가 불편한 점이라도 있으세요?" 하는 식으로 질문을 던진다.

고객은 처음부터 진짜 원하는 것을 말하려고 하지 않는다. 그래서 속마음을 끄집어내기 위한 첫 번째 질문이 무엇보다 중요하다.

예를 들어 컨설팅을 받고 싶다면, "저는 금융업계에 있습니다만, 혹시 선생님의 컨설팅을 받고 실적이 올라간 사례가 많나요?"

보습학원이라면

학부모: 저, 혹시 한 달 수업료가 어떻게 되나요?

담당자: 아, 예. 수업료 말씀이군요. 그런데 혹시 자제분의 성적 때문에 뭔가 걱정이라도 있으신가요?

신축 아파트의 모델하우스를 방문한 고객이라면

"오늘 어려운 걸음을 하셨네요." 하고 부드럽게 말을 걸어도 좋다. "네, 부르셨습니까?"라고 고객에게 다가가도 좋다.

당장 구매 의사가 없는 고객에게는 "아, 예. 잘 알겠습니다. 천천히 둘러보세요."라든지 "의문이 있으시면 언제든지 불러주세요."라고 그 자리를 슬쩍 피해 준다. 업종이나 상황에 맞게 질문과 반응을 덧붙이면서 적절한 대화 기술을 구사한다.

두 번째 단계, 경청 대화

질문을 받은 고객은 자신의 욕구를 말하게 된다. 이때 고객의 요구 사항을 정확히 간파하고 확인한다. 고객이 준 정보로 대화를 확장해 나가는 것이다. 예를 들어, 고객이 어떤 제품에 대해 불만족스러워 하면 "아, 그러시군요. 어느 회사 제품인가요?" 하고 분석 질문을 한다.

여기서는 질문을 되풀이하면서 애매모호한 표현을 구체적으로 물어본다.

중고차 매매시장에서

직원: 어서 오세요.

고객: 네, 구경 좀 할 수 있을까요?

직원: 네, 물론이죠. 저, 그런데 지금 타시는 차에 어디 불편한 점이라도 있으신지요.

고객: 아니, 뭐 불편까지는 아니지만, 좀 좁아서요.

직원: 실례지만 가족은 몇 분이세요?

고객: 뭐…….

직원: 고객님께 딱 맞는 차를 골라 드리고 싶어서요. 자세히 말씀해 주시면 다양하게 안내해 드릴게요.

고객: 아, 네. 지금은 4인승 승용차를 타고 있는데요.

직원: 혹시 예를 들면, 8인승이면 너무 클까요?

고객: 아닙니다. 한번 볼까요.

1등의
대화기술

고객의 이야기를 경청하는 도중에 "예를 들면?"이나 "구체적으로" 등의 질문을 슬쩍 끼워 넣으면 고객의 요구는 깊고 확실해진다. 경청대화에서는 적절한 타이밍에 고객 분석 질문을 구사하는 것이 포인트다.

세 번째 단계, 고객의 욕구 재확인

고객이 진정으로 원하는 것이 무엇인지 다시 한 번 확인한다.

"네, 잘 알겠습니다. 고객님께서는 처음에 ○○사 제품을 보셨다가, △△사의 제품을 선택하셨네요. 혹시 더 필요하신 건 없으신가요?"

위와 같이 고객의 요구를 고객과 함께 하나씩 점검해 나간다.

수면 위로 드러난 고객의 욕구를, 고객과 함께 확인하는 과정이다. 이 단계에서는 편안하게 대화를 나누듯 확인하는 단계이다. 확인절차가 중요한 이유는 서로의 이해를 공유할 수 있기 때문이다.

고객에게 "이것이 맞지요?" 하고 재확인하는 것이다.

직원: 여러 가지로 말씀해 주셔서 정말 감사합니다. 그럼 고객님의 말씀을 확인하는 의미에서 한번 정리해 봐도 될까요?

고객: 네.

"이것 맞지요!"

"혹시 빠진 내용은 없으신지요?"

네 번째 단계, 고객의 요구 사항 충족

계약 체결로 이어지도록 하는 최종단계이다.

여기서 중요한 것은, 고객이 구입하는 것은 눈에 보이는 상품이 전부가 아니라는 점이다. 나의 제품이나 서비스를 선택한 고객에 대한 감사와 감동적인 서비스가 따라가는 것이 유리하다. 그리고 고객의 질문에 신속하고 정성스럽게 응대하는 것이 중요하다. 시각, 청각, 후각, 촉각, 운동감각 등 가능한 한 많은 감각을 동원해야 한다.

이러한 대화 기술 4가지 흐름에서 가장 중요한 것은 첫 번째 단계인 질문으로 고객이 무엇을 원하는지를 포착하는 일이다. 대화의 물꼬가 질문에서 트이기 때문이다.

만나는 사람들이 너무 소중해서 그저 '참 고맙습니다. 미안합니다. 사랑합니다.'라는 말이 늘 생활화되어야 한다.(참고미사)

사람을 만나는 일에 선입견 없이 누구를 막론하고 귀인으로 대하는 자세가 필요하다. 특히 세일즈를 하는 사람이라면 이런 자세가 몸에 배어 있어야 한다.

고대 그리스의 철학자 헤라클레이토스(Heraclitus of Ephesus)는 "지혜를 갖는 것은 최대의 덕이다. 지혜는 사물의 본성에 따라서 이해하고, 진실을 말하고, 그리고는 행하는 것이다."라고 말했다.

'참고미사 철학'을 이해하고 체화하는 것이 지혜다.

상대방 분석 능력 갖추기

진정한 고객 감동은 고객의 마음을 사로잡고 활짝 열리게 한다. 감동은 성실형 대화로 나타나게 된다.

첫 대면에서 다섯 마디 이상 주고받으면서 상대방의 욕구나 취향을 파악할 수 있는 능력을 키워야 한다. 상대방의 개성에 맞춰 자신의 대화법에도 자연스럽게 변화를 주어야 한다. 능수능란한 언변을 위해 대화 기술을 배워야 한다. 또한 상대방에 대한 분석을 철저하게 하려면 두 가지 기술이 필요하다.

첫 번째, 상대방이 어떤 개성과 욕구를 갖고 있는지 한눈에 파악한다.

두 번째, 상대방의 개성을 간파하는 순간, 그 상대에 맞게 자신의 대화법을 연출하여 연기해야 한다.(좋은 의미로 읽어주기 바란다. 연출과 연기란 가식이 아니라 고객의 개성에 맞게 표현에 변화를 주어야 한다는 의미다.)

이것이 1등 대화법의 핵심 기술이다. 설득 대화의 성패를 가르는 판단 기준이다. 변화무쌍한 카멜레온과 같아야 한다. 그렇기 위해 꾸준한 갈고 닦음은 필수다.

1등 대화 습관

어떤 말을 하느냐보다 어떻게 말하느냐가 더 중요하다.

유대인의 경전 탈무드에는 깨달음을 주는 글귀가 있다.

"말을 부드럽게 하면 사람을 살리고, 악하게 하면 사람을 죽인다."

솔직한 말을 부드러운 말투로 전할 때 어떤 말보다 더 큰 힘을 가진다. 잠깐 생각해 보자. 지인들과 대화할 때 주로 어떻게 듣는가? 공감하면서 끝까지 듣는지, 듣는 척하는지, 아니면 중간에 끊고 말을 하는지, 듣지 않고 내가 주로 말을 하는지…….

'무엇(what)'을 하느냐보다 '어떻게(how)' 하느냐가 중요하다. 또한 무엇을 어떻게 말할까 하는 것보다 언제 어떻게 침묵하느냐가 훨씬 중요하다.

같은 말이라도 무엇을 말하느냐에 따라, 어떻게 말하느냐에 따라 다르다.

말과 관련된 최고의 속담은 아마도 다음의 말일 것이다.

> '말 한마디로 천 냥 빚을 갚는다.'
> '가는 말이 고와야 오는 말이 곱다.'
> '세 치 혀가 사람을 죽이기도 하고 살리기도 한다.'

1등의
대화기술

아마도 말이 생방송이어서 그런 것 같다. 한 번 내뱉으면 편집하거나 주워 담을 수가 없으므로 신중하게 가려 하지 않으면 돌이킬 수 없는 실수를 저지르게 된다. 그래서 말은 인격이라고 한다. 어떤 말을 쓰고 어떻게 말하느냐에 따라 그 사람의 내면을 드러내기 때문이다.

아메리칸 인디언들은 어떤 말을 만 번 이상 되풀이하면 반드시 그 일이 이루어진다고 믿었다. 당신은 지금 중얼거리고 있는 말이 있는가? 자신이 하루 중 가장 많이 하는 말을 노트에 적어보자.

나는 어떻게 말을 해야 위력을 발휘할 수 있는지 한 가지 습관을 발견했다.

우선 말하기에 앞서 3초를 투자한다. 깊은 심호흡을 하면서, 나의 감정을 새롭게 리셋(Reset)한다. 그런 다음, 말하자.

"미안해, 이렇게 오래 기다리게 해서 정말 미안해."

말로 인한 실수가 반복되는 것은 어쩌면 침묵하는 법을 배우지 않고 말을 하기 때문일 것이다. 적당한 때에 침묵할 줄 아는 능력이 말을 많이 하는 것보다 훨씬 중요하다.

언총(言塚: 말 무덤)

예천군 지보면 대죽리에는 말 무덤이라는 것이 있다. 말 무덤은 능처럼 되어 있어 일반 묘지보다 훨씬 크고 약 4~500여 년 전에 만들어졌다고 한다. 구전으로 전해져 내려오는 이 말 무덤의 유래는 이렇다.

옛날 이 마을에서 이웃 간의 싸움이 그치지 않자 마을 원로들이 모여 해결방법을 찾고 있었다. 그때 지나가던 한 과객이 말 무덤을 만들어 나쁜 말들을 묻으라고 일러주었고, 과객의 말대로 말 무덤을 만든 후 마을이 평온해졌다는 것이다.

부정적인 말이나 험담은 이와 같이 깨끗이 묻는 과정도 필요하다. 물론 그보다 먼저 긍정적인 말을 위주로 하는 습관이 중요하다.

칭찬 언어

대화를 할 때 우선 칭찬의 말을 하자. 칭찬이야말로 대화의 기본이다. 상대방과의 심리적 거리를 좁히고 친밀해지기 위한 최고의 방법은 바로 칭찬이다. 당신이 먼저 한 걸음 다가가서 칭찬해 보자. 칭찬을 받고 기뻐하지 않을 사람은 없다.

나는 이 글을 읽고 있는 여러분이 칭찬에 아주 능한 사람이 되었으면 한다.

다만 조심해야 할 것은 자칫 아첨이나 비평이 되어서는 안 된다는 것이다. 칭찬의 내용보다 태도가 중요하다. 이를 테면, "오늘 넥타이 무늬가 독특한데, 얼굴이 밝아 보이고 아주 잘 어울리세요." 하고 말하는 것이다.

작은 부분이지만 상대방의 상태나 변화를 명확하면서도 부담스럽지 않게 칭찬하는 것이다. 분위기가 부드럽게 풀리고 대화가 긍정적인 방향으로 진행될 수 있는 문이 열림을 느끼게 될 것이다. 누구나 아는 이론이지만 긍정과 동의의 말은 대화의 화제를 풍성하게 해주며 좋은 인간관계를 구축하기 위한 중요한 기술이다.

말의 힘

아돌프 히틀러(Adolf Hitler)는 자신이 쓴 〈나의 투쟁〉에서 "이 세상에서 가장 위대한 혁명들을 일으킨 힘은 펜의 힘이 아니라 말의 힘이었다."고 단언했다. 사람들은 선동하는 정치를 펼친 히틀러이기에 누구보다 말의 힘을 잘 알고 사용했을 것이다.

고대사회부터 현대사회까지 언어능력은 언제나 인간관계에서 절대적 우위를 차지할 수 있는 기술이다. 그러나 모든 사람이 말을 잘하는 것은 아니다.

미국에서는 약 65%의 사람들이 질병, 해고, 사고보다 청중 앞에서 자신의 의견을 말하는 것에 더 두려움을 느낀다고 한다. 누구나 항상 말을 하고 살아가지만, '말을 잘하는 것'은 어렵다는 것을 말해준다.

말의 품격

"오늘 의상이 참 예쁘네요. ○○ 씨처럼 젊고 예쁜 사람에게 잘 어울
리는 옷이야."

'인지상정(人之常情)'이라는 말이 있다. 인정과 칭찬을 받으면 기분이
좋고 비난과 조롱을 받으면 화가 나는 것은 누구나 갖는 마음이다.

미소를 머금고 다가가 진실한 마음을 담아 나눈 대화가 햇살이 되
어 서로를 환하게 비춰주고 따뜻하게 해줄 수 있다. 지혜로운 사람
은 역지사지의 마음으로 말을 한다.

한나라 학자 유향(劉向)은 "언어는 꾸며야 하고, 말은 선해야 한다."
고 했다. 지적은 약처럼 입에 쓰고, 충언은 귀에 거슬리기 마련이다.
그래서 아무리 좋은 의미의 충언이라도 강도가 센 소리는 효과가
없다.

사람은 자신의 품격만큼 말을 채운다. 그래서 말은 언어 그 이상이
다. 딱 필요한 순간에, 꽉 찬 말이 나온다. 보듬어주고 다독이고 위로
하는 말보다는 지적하고 원망하고 비난하는 말에 익숙해져 있기에

쉽게 말하고는 한다. 다듬어지지 않으면 상대방의 말을 가로채고, 과장된 말을 사용하고, 두루뭉술한 말 속에 의중을 숨긴다. 그러므로 우리의 언품(言品)을 다듬어야 한다.

언어의 매력

〈여씨춘추〉에는 "말하는 소리만 들어도 그 사람의 풍모를 알 수 있고, 그 사람의 풍모를 보면 그 사람의 덕행을 알 수 있다."는 말이 나온다. 또 "말은 꿀처럼 모든 것을 달라붙게 한다."는 말도 있다. 링컨은 언어의 매력을 잘 이용할 줄 아는 사람이었다. 그는 부단히 말과 연설에 대해 공부하였고 꾸준히 연습하여 듣는 이들에게 큰 감동을 주었다.

하브루타 대화법

상위 1%의 우등생들에게는 '메타인지(MetaCognition)'라는 공통된 능력이 있다고 한다. 메타인지는 자신이 공부한 내용을 무엇을 알고 모르는지 명확히 구별을 지을 수 있는 능력으로, 아는 부분은 더 확실하게 자신의 것으로 만들 수 있으며, 이해가 안 되거나 잘못 공부한 내용도 재인지 과정을 거쳐 완전한 학습을 할 수 있는 능력이다. 이러한 메타인지능력[19]을 키울 수 있는 방법이 바로 "말하기 학습"이다.

나는 국내 최초로 하브루타 학습 지도를 실천하고 있는데, 학생들이 창의적인 생각과 논리적 사고력을 키워주고, 서로간의 토론과 의사소통 능력을 기를 수 있도록 지도한다. 끊임없이 뇌를 자극시켜 생각하는 힘을 기를 수 있도록 도와주는 것이다.

나의 하브루타 학습법은 말하기, 발표하기, 가르치기, 그리고 질문하기 등으로 구성된다. 학생이 주도적으로 참여하는 과정을 통해 창의력과 사고력, 자신감, 그리고 의사소통능력이 계발되며 타인과의 관계에서 긍정적인 인성적 태도를 자연스럽게 갖추게 된다. 결과적으로 놀라운 성적 향상으로 이어진다.

유대인들은 뛰어난 지능과 세계 경제를 이끌고 있는 민족으로 유명하다. 미국 억만장자의 40%, 아이비리그 재학생의 33%, 그리고 노벨상 수상자의 22%라는 놀라운 성과를 보여주고 있다. 이들의 원

---

19 메타인지능력이란 70년대 심리학자 존 플라벨에 의해 만들어진 용어로 자신의 생각에 대해 판단하는 능력을 말한다. 즉 자신의 정신 상태, 곧 기억력이나 판단력이 정상인지를 결정하는 데에 사용된다. 내가 무엇을 알고 모르는지에 대해 아는 것에서부터 자신이 모르는 부분을 보완하기 위한 계획과 그 계획의 실행과정을 평가하는 것에 이르는 전반을 의미한다. 자신의 사고과정을 '위에서' 보면서 제어한다는 의미로 '메타(meta)'라는 용어가 앞에 붙게 된다.

동력은 무엇일까?

유대인들에게는 하브루타라 불리는 그들만의 독특한 공부 비법이 있다.

이들이 살고 있는 곳 어디서나 쉽게 찾아볼 수 있는 전통 도서관이 자 사회교육기관인 예시바(yeshivas)에서는 두 사람씩 짝을 지어 대 화, 토론, 논쟁, 그리고 질문을 하는 모습을 쉽게 찾아볼 수 있다.

유대인들은 어릴 때부터 탈무드를 소리 내어 읽고 부모, 또래 친구 들과 함께 마주 앉아 질문과 답변을 주고받으며, 경전의 의미를 토 론하고 논쟁하는 하브루타 교육법을 고수한다. 끊임없이 뇌를 자극 시켜 생각과 사고의 틀을 확장해 나가는 것이다.

| 참고 문헌 및 관련 자료 |

- 철학과 수업노트, 학습자료, 서적, 신문기사, 인터넷 정보가 활용 또는 인용되었다.
- 고전, 고사성어, 격언, 인용구 등을 중심으로 재인용하였다.
- 격려, 존 맥스웰, 최형근 역, 넥서스.
- 축복의 언어, 피터 M.로드, 활을호 역, 생명의 말씀사.

언어
言語의
品格품격

초판 1쇄 발행 2018년 10월 15일
개정판 2쇄 발행 2023년 1월 20일

지은이 | 정병태
펴낸이 | 최근봉
펴낸곳 | 도서출판 넥스윅
등록번호 | 제2014-000069호
주소 | 경기도 고양시 일산동구 장백로 20 102동 905호
전화 | 031) 972-9207
팩스 | 031) 972-9208
이메일 | cntpchoi@naver.com

ISBN   979-11-88389-30-8 (13190)

값은 표지 뒷면에 표기되어 있습니다.
잘못된 책은 구입하신 서점에서 바꾸어 드립니다.

言語
品格